湛庐文化 Cheers Publishing
a mindstyle business
与 思 想 有 关

为谁留的空椅子

多样性如何驱动创新

[美] 戴维·利弗莫尔（David Livermore）◎ 著
毛大庆 ◎ 译

DRIVEN BY DIFFERENCE

HOW GREAT COMPANIES FUEL INNOVATION THROUGH DIVERSITY

浙江人民出版社
ZHEJIANG PEOPLE'S PUBLISHING HOUSE

译者序

一把打开创新之门的万能钥匙

当你翻开这本书，想要从中收获什么？

在我字斟句酌的翻译背后，是一套庞大、缜密并且充满无限延展空间的创新方法论，如果你能真正领悟其中精髓，我相信你就找到了一把打开创新之门的万能钥匙。

在这部理论与实践完美结合的优秀作品中，作者提出了一个本身就带有创新性的概念：文化智力。所谓文化智力，简而言之就是一种可以适应不同文化环境的能力，适应性越强，即文化智力越高。

在当今全球化、多元化的大背景下，只有将多样性与文化智力充分结合，才会产出高效、高质量的创新成果。

多样性：一切创新的驱动力

今天，我们已经来到了一个依托于云计算、大数据、人工智能、工业互联网等创新产业的时代。

创业者已经成为新的主角，在创业大潮之下，创新必然成为时代的主旋律。

从 B 端上讲，我们维系产品生命线的一切努力都需要与创新挂钩，如果想要活得更好，则需要与以上这些创新产业结合。

从 C 端上讲，我们接触到的、消费的或所依赖的绝大部分产品都涵盖了以上这类创新产业，而令我们更感兴趣的产品，一定是创新产品、至少是带有创新痕迹的产品。

既然在商品的每个缝隙里都已经出现了创新的痕迹，那么，什么是创新，如何创新，以及如何更好地创新，就成为必须深入研究的课题。

《为谁留的空椅子》这本书的副标题就是一个言简意赅的标准答案：多样性为创新提供了最有效也是最强大的驱动力。

当我们细数全球文化多样性最高的城市时就会发现，文化元素的多样化让这些城市成为创新之都，也为城市的经济带来了正向的刺激作用，比如纽约、伦敦、巴黎、旧金山、香港、新加坡……

找痛点：所有创新的起点

本书还将说明把握创新起点的重要性。

作者的一个观点值得深思：全世界都在讲创新，但创新的真实意义却并不是所有人都能理解的。其实，问题正在于此，你对创新的理解程度将很大程度上决定你创新的可能性。

这句话绝非一纸空谈，一个最具有说服力的例证就是腾讯的发展史。

腾讯公司自从 1999 年成功推出旗下第一款产品 QQ 至今，十几年来，持续不断地引领着领域内的创新潮流，这与马化腾对于创新的理解密不可分。马化腾心中的创新有两个关键点：一是集中资源解决一个用户痛点，二是留意跨界所产生的机会。

当我们回顾腾讯公司历史上所有成功的创新产品时就会发现，几乎每一种产品或产品线都是在这两个理念的引领下开发的。

不同时空的成功者，其崛起的路径往往极其相似，这并不是什么稀奇的事。

作为全美最大的网购平台亚马逊的创始人，杰夫·贝佐斯的很多观点与马化腾惊人地相似。

本书中提到，贝佐斯习惯在召开重要会议时准备一把空椅子，以时刻提醒自己和高管团队的成员们，消费者才是决策者中最重要的那个人。

在贝佐斯的心中，这把空椅子的仪式感会迫使管理层聚焦于用户痛点。当一个关系到公司商业战略的创新决策即将诞生前，满屋的高管看到这把空椅子时，他们会想到什么？

多视角：寻找创新的无限可能性

信息时代，我们每天的每一分、每一秒都在被动接收着各种真伪难辨的信息。

信息技术已经进入了高度发达的阶段，最初的创新或许受益于信息传播的速度与广度，但时至今日，在开放性愈来愈强的商业模式下，信息过载已经成为制约创新的羁绊之一。

对于这一现象，作者有着独到的主张，他提出了“视角获取”的概念，也就是“跳出个人经历之外，想象他人情感、态度和动机的能力”。你可能一时间还无法理解这种创新理念，但通读本书后，你一定会有所收获。

在我看来，作者想要表达的是一种开放式创新的理念。在大量信息的合围下，如果想要高效过滤无效信息，并从有效信息中寻找创新的基点，就必须将自己置身于开放的环境中，让消费者、产业链上的合作伙伴以及各类技术人员共同参与到创新的体验与改造中。

这是一张创新路上的实用地图

此外，这本书中还提供了一些颇具建设性的工作方法，比如对每周的关注点进行重要性排序，选择更有利于创新的工作环境等。

这是一本什么样的书呢？

我猜，把这本书放到购物车里的大部分人应该都与创业、创新有关，或者你正在创业的路上，或者正跃跃欲试地想要上路，还有一种可能，你已经停靠在这条路的某个驿站或走入了岔路，迷茫中不知走向何处。

所以，这应该是一本创业者的工具书，一张指引创新的地图。

作为一名已经在路上的创业者，我衷心希望这本书可以带给你具有实际意义的帮助，助你在创新创业的大路上阔步而行，抵达目标。

创新的未来，多样性时代企业必须要做的事

“多样性驱动创新！”这是不少多样性支持者的口头禅。不久前，在纽约的一次国际领导力大会上，我还曾听到一名支持多样性的领袖人物剖析过这句话，的确很有道理。群体可以从不同角度看待问题，这会比仅从个人角度看待问题，能产生更好的解决方案。不过，这种对多样性的乐观态度与实际情况却并不相符。就像一对新婚夫妇很快就会发现，对于如何建造房屋的意见分歧不一定会产生好结果。就合作执行某一项目的多样化团队而言，这点也同样适用。

我曾与全球某银行巨头的高级副总裁有过一次交谈，他告诉我该银行领导因为投资多样性没有任何收益，所以决定削减 90% 的多样性和包容性预算。数月前，一群南非高管告诉我："尽管种族隔离已经结束 20 多年了，但是南非在利用多样化劳动力实现更好的回报方面却没什么进展。"与此同时，全球不少大学和政府也已经放弃提升多样性的方案，并暗示是时候改变前进的方向了。

另一方面，多样性极其有限的多家硅谷公司却成了创新的典范。耶鲁大学的杰弗里·索尼菲尔德（Jeffery Sonefeld）认为高科技公司是年轻白种男性的天下。他表示："就像是倒退回了早该过去的时代。那是一个男性主义充斥的世界。在黑客文化的观念中，它在一定程度上甚至就是纯精英统治的世界。"谷歌高管南希·李（Nancy Lee）对此表示理解，并部分赞同。她承认谷歌的工作人员主要是白种人，而且83%的技术人员都是男性。她目前正携手其他谷歌高管着手改变这种境况。

是否仅仅因为既得利益者的压力，技术公司、银行和大学就认为招募多样化的工作人员是正确的事情？或者，针对多样性能实现更好的创新的观点，他们更在乎具有说服力的实际案例。多样性拥有经济优势，这究竟是实践真知还是凭空推论呢？

多样性为全球创新提供了一个绝佳机会，这点毫无疑问。不过，虽然多样性潜力无穷，但是它与创新之间却只有相关性而非必然性。懂得充分利用看待问题的多种角度，该组织就更有机会提出全新解决方案。实际上，多样性具有重要的战略意义，它是提出创新解决方案的主要源泉之一，这将转化为巨大的经济利益。显然，学习如何利用多样性驱动创新正是本书的主要目的。

- 如何利用不同角度提出更好的解决方案？
- 创新过程的哪个部分需要调整，才能充分挖掘多样性的潜力？

这就是本书需解决的两大主要问题。

多样性本身无法保证创新。多样性结合高文化智力 (cultural intelligence) 却能实现创新。文化智力是指在多样性的环境中高效发挥作用的能力，这个概念植根于全球学者开展的精湛研究。我已在多个场合讲过培养和形成文化智力所需的四大能力，而本书会将文化智力研究推进到下一个阶段：实施文化智力过程，推动创新。多样化团队想发挥出最高生产力，就要求领导者和团队成员具备高文化智力及其创新计划。

首先，本书将简述，在多样性以及与创新相关的文化智力方法的背后，有什么核心理念，总结一下现有多样性范例的不足之处。在此之后，本书会划分为两大部分。第一部分描述的是文化智力创新所需的环境，包括个人和组织整体环境。第二部分将描述文化智力创新过程（参见图 I-1）。第一部分的材料来自我和同事的文化智力研究以及关于创造力、创新和社会心理学的研讨会。我们的研究包括调查、访问和分析各主要行业的核心群体，他们覆盖了来自全球 98 个国家的 5 万多名专家学者。该项研究是我有幸在文化智力中心主导的主要工作，在此，我们与全球各大组织和领导者合作，帮助他们了解和改进在多样性的环境中如何开展工作。这项关于文化智力的研究揭示了那些在多样性的环境中表现良好者所共同具备的四大能力。鉴于我曾在其他著作中详细解读过上述四大能力，因此本书仅在附录 A 中简述相关模型和研究。所有四大文化智力能力（驱动力、知识、策略和行动）都是文化智力创新的一部分。然而，对于打造文化智力创新环境而言，最基本的则是文化智力策略，也就是个人利用多样性寻求最佳解决方案的意愿。第一部分所述的强有力理念都与试图创新的个人和团队息息相关，比如视角获取的力量、避免注意力的分散、信任的重要性。不过，一个团队的多样性越高，这类实践就越重要。第一部分的每一章都会聚焦于如何打造完美的环境，它将有助于多样化群体产生并执行更好的解决方案。每一章都会以简单的“环境评估”结束，以便让你对自己当前所处的环境有更深层的认识。

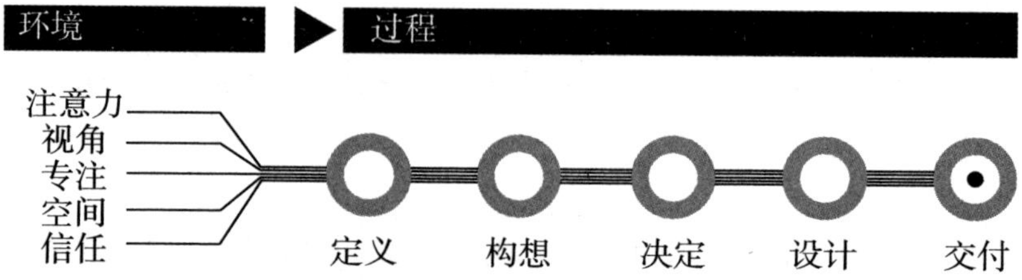

图 I-1　文化智力创新

第二部分描述了文化智力的创新过程。我书架上大多数关于创新的著作以及我所读的每本杂志几乎都有相关课题的文章。那么我们是否真的还需要更多的相关著作？答案是肯定的，因为目前很多人都没有注意与创新相关的问题和机遇，特别是在更全球化、更多样化的环境中，这一点尤为重要。第二部分聚焦多家顶尖公司，详细解读了其创新过程如何针对不同的文化环境进行调整。本章节的所有材料都来自理念和方法的结合，包括我们的文化智力研究、哈佛商学院克莱顿·克里斯坦森（Clayton Christensen）等全球知名人士的洞见以及斯坦福大学等顶尖学府的教学实践。[①]第二部分第 5 章关注的是如何协调团队不同的预期，这是导致多数新项目无法启动的首要问题（第 6 章）。随后，我们会讨论多样化群体形成想法所面临的具体挑战和机遇（第 7 章）。接着，我们将探讨如何在考虑文化差异后（第 8 章）选择和测试想法，多样性对于设计和原型的影响（第 9 章），执行解决方案的最佳文化智力方式（第 10 章）。每一章都包括案例研究以及特殊方法，它们将帮助你利用多样性驱动创新。

① 克莱顿·克里斯坦森是世界创新大师、哈佛商学院教授、创见公司、罗斯帕克投资顾问公司、创见研究所的联合创始人。曾两次获得“麦肯锡奖”，荣获 2011 年《哈佛商业评论》“全球最具影响力的 50 大商业思想家”第一名。其《创新者的处方》《创新者的课堂》简体中文版已由湛庐文化推出，中国人民大学出版社出版。——编者注

我不认为多样性是需要解决的大麻烦。相反，我认为多样性是一个百宝箱，里面装着无数值得重视的创新解决方案。当你换一个角度看问题，你就有机会了解可能错过的各种可能性。尽管多样性的创新潜力无处不在，但这一切并不是自动的，它需要审慎的措施。具体将在下文详述。

DRIVEN BY DIFFERENCE

目 录

04 环境隐藏着创造力密码
空间的力量

适合自己的空间布局，能有效激发你身体中的创新能量。在多样化团队中，给每位成员一定的自主权将有助于挖掘每一个人的潜力。

05 为创新者背上降落伞
信任的力量

通过五大要素评估团队内的信任水平。对于多样化团队而言，在团队内以及与用户之间构筑信任关系网，对于创新而言都是十分重要的事情。

第二部分

文化智力创新的5D过程

DRIVEN
BY DIFFERENCE

06 定义
我们究竟要干什么

创造共同情感模型才能更有效地利用多样性，才能使创新发挥最大的作用。

07 构想
不同想法必须得到充分表达

发现阻碍和促进多样化团队创新的因素。

08 决定
打破想法与行动之间的坚冰

在选定某一个想法并把它付诸实施时，一定要考虑文化差异的影响。

09 设计
打造并测试产品

理解文化差异如何影响产品设计和测试。

10 交付
执行全球解决方案

学习如何降低多样化团队潜在内部冲突的可能性，强化多样化团队的力量。

引 言

引爆创新，多样性蕴含惊天能量

诺华公司高管阿马里·约翰逊（Amri Johnson）经常被问及当今职场中的多样性状态。阿马里笑着说道：“我对多样性怎么看？多样性随你而定。多样性不会消失，就在这里，也终将成为无处不在的问题。所以我们该怎么做？我们该怎么优化机会？这才是我有兴趣讨论的问题。”

阿马里所言不虚。当今世界，人口流动相当频繁。加拿大第一代移民者离开多伦多，迁往各地乡村。同性恋夫妻逐渐迁往市郊。中国农民在澳大利亚的市郊安家落户，而澳大利亚商人也在中国建立农业公司。目前，美国36%的劳动力都是有色人种，而到2040年，美国的主体民族或种族将丧失优势；这种情况在加拿大发展得更快。丹麦和瑞典等传统同质化程度较高的地方也发生着这种转变。世界各地其实都出现了类似趋势。如果你从个人性别、社会经济背景、性取向、职业、信仰等方面增加多样性角度时，那么“多样性就是随你所定”。目前没有迹象表明人口从一处迁往另一处的趋势在近期会有所放缓。

如果你想要参观全球文化多样性最高的国家，你应该去哪里，印度、美国、澳大利亚还是英国？实际上，你该去的是非洲中北部的乍得。那是全球文化多样性最高的国家，拥有 1 150 万来自 100 多个不同民族的人口。德国奥尔登堡大学的厄肯·戈伦（Erkan Goren）研究了 180 个国家的文化多样性程度，其结论表明全球文化多样性最高的国家是乍得、尼日利亚、刚果民主共和国及其他非洲国家。唯一名列前 20 的西方国家是加拿大。印度紧随其后，墨西哥也不遑多让，而美国只能屈居中位。根据戈伦采用的衡量标准，多样性最低的国家是阿根廷、海地、日本和北欧国家。全球十大文化多样性最高的城市都在意料之中，分别是迪拜、新加坡、香港、多伦多、旧金山、悉尼、巴黎、洛杉矶、伦敦和纽约。

多样性，唾手可得的核心资产

多样性有时泛指所有类型的差异，例如个性、技术、工作方式、任期和思考方式的差异。不过，如果多样性囊括一切差异，那么它就没有任何意义了。另一方面，多样性所涉及的差异并不像黑与白或德国人与中国人那样一目了然。每个人都是不同社会群体的一员，大部分国家本身都有着数不胜数的内部差异。

社会分类理论认为人类倾向于将同类划分为“内群体”和“外群体”。在遇到某人时，我们的潜意识会在 10 秒内将他划分为“内”或“外”。不妨思考一下，在头脑风暴阶段，这点将会如何影响那些承担研发创新方案的成员！我们决定“谁在内、谁在外”的方式取决于环境和具体情况。比方说，你可能与同行（例如老师或工程师），同一组织的其他人或与病友建立了松散的联系。然而，要想构建真正拥有自己“文化”的群体，就需要共同的信仰模式、价值观、行为、习俗和态度。荷兰心理学家吉尔特·霍夫斯塔德（Geert Hofstede）表示文化是思想的集体代码，是社群区分彼此的特征。因此，为了形成文化，必须要有区分于其他群体的思维和行为模式。多样性描述的群体拥有两种或多种相互起作用以及相互联系的文化。

DRIVEN BY DIFFERENCE 关键词

群体多样性（Diversity）

并不是只要群体内存在差异，就能构成多样性。只有存在价值观以及视角方面的差异，才能形成群体多样性，多样性描述的群体拥有两种或多种相互作用以及相互联系的文化。

即便如此，多样性所涉及的差异范围仍然非常广。每个人都是不同文化的一部分，包括我们的国籍、民族、组织和职业群体、年代、性别、社会经济地位、宗教信仰等。民族文化无疑对塑造多数人群的行为影响最大，但是这点对于多样性程度较高的乍得或是新建立的共和国（地理边界与身份几乎没有关联）却不适用。

哪种文化对个人的思考方式和行为方式影响最大？这点取决于你所从事的职业、你所在的地点以及该地的其他人。举例而言，不少在硅谷工作的印度人表示，虽然他们在工作场所的习惯和喜好与北美常见的情况类似，但是晚上回家后，他们的行为表现更像“印度”人。或者不妨这样想一想：你可能在离开家乡、遇见老乡前都没有察觉自己与家乡的紧密关系，然而，突然间这种文化身份就成了你密不可分的一部分。

不同地区的首要挑战

经济学人智库经过研究发现，全球不同地区的管理者对于多样性的看法并不相同。性别和年龄在亚太地区被认为是职场中最具挑战性的多样性问题，而民族和宗教问题在中东和欧洲被认为是首要问题（参见表Ⅱ-1，不同地区最具挑战性的多样性问题）。本项调查研究的是管理人员认为最具挑战性的多样性问题是什么。他们的看法可能不够准确。比方说，即便中东管理人员（多数是男性）不认为性别是主要问题，但是其他研究表明性别也应该是重要问题之一。一定要注意来自不同地区的管理人员所认为的最具挑战性的问题。

表Ⅱ-1　　不同地区最具挑战性的多样性问题

	民族	性别	年龄	宗教	语言
亚太地区		√	√		
欧洲与中东	√			√	
拉丁美洲					√
北美洲			√		
撒哈拉以南非洲				√	√

Source: Based on data reported in Economist Intelligence Unit（*Values-Based Diversity*：*The Challenges and Strengths of many*, London：Economist Intelligence Unit, January 23, 2014）。

http://www.economistinsight.com.sites/default/files/EIU_SuccessFactors_Values-based%20diversity%20report.pdf.

最关键的多样性因素

最影响职场行为的多样性因素通常分为两类：明显的差异和弱势群体。明显的差异指的是一眼就能发现的差异。这点包括源自民族、性别、年龄、生理残疾，甚至是宗教的（例如佩戴头巾的女性）区别。这类差异难以掩盖，因此，能即刻影响他人的快速判断。

与职场环境息息相关的第二类多样性因素就是，某些人所来自的文化在团队中处于劣势，也就是罗莎贝斯·莫斯·坎特（Rosabeth Moss Kanter）所谓的团队点缀。[①]弱势意味着具备该特征的亚群体占整体不足 15%，而这种悬殊的比例差也影响着他们被看待的方式。无论作为整个北方人团队里唯一的南方人、整个工程师团队里唯一的营销员，还是某部门里唯一的“外国人”，都能很轻易地发现多样性被忽视了。不少个体同时兼具这两种多样性因素，例如是整个团队里唯一的有色人种；显然他不仅明显与别人不同，而且也是弱势群体成员。当然，不明显的文化特征也可能导致弱势群体的出现，例如特殊性取向、意识形态、社会经济地位或职务。权力和发言机会有限的多数群体也可能成为弱势群体，南非黑人就曾多年经历过这种状况。此外，弱势是针对具体情况而言的。比方说，男性在人力资源领域是弱势的，而女性在工程师领域同样是弱势的。每个组织和团队都需要考虑自己身处的具体情况中哪些群体是弱势的。

在本书中，多样性主要指存在明显的差异和弱势群体。你也可以针对其他差异适当运用本书的原则，例如思想、经验或技术上的差异。存在明显的差异和弱势群体的团体，很可能会探索创新解决方案时产生冲突，不过它也同时

① 罗莎贝斯·莫斯·坎特是最负盛名的管理作家之一，哈佛商学院首席管理教授，《公司的王道》已由湛庐文化推出。——编者注

孕育着机遇。

哪类多样性因素最关键?

- 明显的差异
- 弱势群体（团队点缀）

最关键的不是存在多少种差异，而是其中所透露的不同价值观和看问题的视角。一个组织存在的价值观和视角越多，关于应该如何完成某事就有越多的想法。不少多样性培训项目只关注差异的表面现象，例如怎样交换名片或赠送适当的礼物。然而，对于创新影响最强的差异却是沟通、计划和执行任务的不同方式。你应该怎样协调四代人的价值观、预期和工作方式以及不同国家的文化和无数的亚文化，从而达成统一的观点和组织策略？回答这类问题是我们运用文化智力的核心，因为我们的目的就是提高在多样性的环境中的工作效率。这点至关重要，因为我们就是要利用不同文化的视角来推动创新。文化智力允许个人调整动机、职业道德和沟通方式，同时从不同的价值观角度创造更好的解决方案。

以职场人员的年龄分布为例，我们就可以很直观地说明价值观竞争是怎样使所有人精疲力竭的。这是有史以来第一次四代人共同在一起工作，而第五代“Z 时代”群体也正开始逐步加入这个组合。不少管理者都努力吸引表现出色的年轻领导者加入。在招聘时，他们尝试利用金钱、地位、稳定性和与其价值观完全不同的其他事物来吸引千禧一代。整体而言，千禧一代不太可能为了稳定和地位而重视金钱，而更可能是因为金钱可以提供他们追求梦想所需要的资源而重视金钱。显然，许多组织忽略了这个重点。不少管理人员因为高度注重金钱和升职才走到今天这一步，所以他们理所当然地认为这就是与千禧一代相处的方式。在千禧一代不买账时，管理者又会推测年轻一代因为生活条件优越而缺乏进取心。Facebook 开发总监比尔·麦克拉沃恩（Bill McLawhon）告诉我：

> 56岁的我曾看着那些年轻的孩子想道：“等着瞧吧，你们总有一天会在现实中摔一个大跟头。”但我很快就意识到这才是现实，他们正在创造着自己的世界。这才是工作的未来，跟我起步的世界不太一样。每天我所培训的那些年轻人也确确实实表现得让我惊叹。这些出色的年轻人大多数年纪跟我的孩子差不多大。

聘用不同年龄段的人只是开头而已。如果你不利用年龄差异带来的不同视角，反而尝试以你的价值观塑造他们；那么你不仅将会失去他们，也会失去他们的深入见解。针对那些与其价值观相同的消费者，这些人的观点无疑最关键。

不同年代的价值观有何差异，关于这个问题的研究都偏向于以北美千禧一代为对象；不过，全球其他地方的年龄差异也同样存在。亚太地区的年龄差异已经成了职场冲突最大的导火索，因为这个地区长期以来都推崇集中化控制。灵活的工作结构和考虑个性化喜好的措施，显然都与其传统背道而驰。在印度、马来西亚等地，多数千禧一代仍有强烈的集体主义和孝顺长辈的意识；他们忠诚于个人的内群体，尊重个人父辈或长辈。不过，这种价值观正受到挑战，年轻人越来越渴求自我表达和灵活性。不论何时，成员之间都有着不同层次的文化差异，例如来自日本的千禧一代在美国公司工作，须对美国“婴儿潮”一代的上司汇报工作，这些都是引发价值观冲突的潜在因素。

不论多样性是否明显，最关键的还是它是否能带来完全不同的价值观和视角。文化智力创新首先需要反思和比对整个团队存在的多种价值观。不过，在我们阐述如何有效利用多样价值观之前，我们需要讨论过去 20 年的实践中存在哪些不足。

企业之痛，难以跨越的文化鸿沟

前几天我在健身房无意中听到一个人对同伴说：“明天我必须去参加多样性培训。”“噢，天哪，”另一个人说道，“几乎就像是根管治疗！”那个人接着说道：“只要他们赞同我的意见，我也不介意有各种各样的同事！”

不少员工和管理者都有“多样性疲劳”；他们已经采取了多样性措施，并准备继续前进。全球多样性和包容性专家也已经做了大量工作，但是我们必须改变自己解决这个关键问题的方式。

束手无策的多样性对话

有时候在听到关于种族主义或性别歧视的可耻言论时，员工会离开多样性项目；不过他们也不会过于在意，因为这些几乎与他们的日常生活没有太大的关系。有些离开多样性项目的人会发泄地说一些具有攻击性的话，然而这不仅无助于与他人进行认真的对话，反而会使同事们如履薄冰，生怕自己会做出在近期培训中听到的那些歧视行为。在不少关于这个话题的对话中，不包容多样性的可耻感和对于惩罚措施的强调都普遍存在。然而，这几乎不可能带来真正的改变。

有一次，我正与一群美国房地产代理商交谈时，一名白人女性走到我面前。她急切地问道：“你跟地方大学的那群人熟吗，就是那些非白种人，额，不对，我的意思是少数……不，也不对，我的意思是外籍人。噢！别在意！我都不知道该怎么说了……”我安慰道：“没关系，我知道你要表达的意思。”

人们通常不敢展开关于不同文化的对话，因为害怕会说出某些带有种族主义色彩的言论。要知道，在房地产会议上这名女性刚刚听完一名演讲者谴责代理商总是使用攻击性、歧视性的语言，包括步入式衣柜（“你觉得那些残疾人会怎么想”）和主卧（“如果你的先辈是奴隶，你觉得听起来会怎样”）。适当使用语言只是起步而已，距离建立文化智力关系还远得很呢。我们必须寻找解决文化差异相关困难、敏感问题的方式，同时不会阻断和导致谈话失败。

代表和服从

在解决多样性问题时，不少组织会确保在领导层和员工中有相同的多样化比例。如果在人们访问某国际化组织的官网和员工名单时，发现只有一个民族、一种性别或一个年龄段的群体，那么他们一定会吃惊不已；而且，现有的法律也在鼓励组织成员多样化。不过，打造具有多样性的领导层是不是推动文化智力创新的最佳方式呢？

有一次，我供职的大学举行了一场会议，我有幸参加了。当时，坐在我旁边的是我的朋友兼同事克丽丝蒂（Christy）。她是副校长，也是本大学关于“女性教员、校工和学生机会平等重要性”这个问题最有发言权的女性之一。在会议开始后，会议主持人开玩笑地对她说：“我想你肯定愿意为我们做会议记录，是不是啊，克丽丝蒂？”他在整场会议中都不停地出现男权主义言论，我一直在等克丽丝蒂反击，但是她却没有。相反，她只是作为副校长出席会议而已，完全没有提及那些拍肩膀的轻浮举动、足球妈妈的玩笑以及她可能都不理解的体育类比讽刺。离开会场之后，我说道：“克丽丝蒂！我无法相信你居然这么做。为什么不说点什么呢？”她看着我说道：“因为我在期盼着你可以说点什么！”

噢！我都能感到自己的脸“唰”地一下就红了。我知道她说得没错。每个人都期盼着像克丽丝蒂这样的女性可以站出来维护女性，而有色人种则应该代表其他弱势群体站出来。然而，仅仅在团队里有克丽丝蒂这样的女性还是不够的，每个人都需要有构建文化智力环境的价值观。这不是说克丽丝蒂需要我为她发言，而是我本来就可以解释为什么我无法接受主持人的行为！

想变成更具有文化智力的组织，特意聘用多样化的职工是关键一步。不过，要充分利用这种多样性则需要每个人均视其为自己的责任。

文化意识培训

通常解决多样性和包容性的另一个策略就是文化意识培训。这种培训一般强调更好地了解个人的文化背景，理解其他文化。提升自我意识是创建文化智力团队过程中的关键一步。如果第一时间你没有意识到文化会如何影响你的思考和行为，那么你完全不可能掌握那些技能，它们对有效地进行跨文化工作非常有帮助。提升自我意识的最有效方法之一就是运用全球著名的研究成果，发现我们自身存在的无意识偏见。由于个人成长、经验和价值观的影响，我们总是不知不觉地偏好某一类人群。不过，仅有自我意识也是不够的。在这类培训后不可避免的问题就是："现在怎么办？"换言之，我知道我有偏见，每个人都有，那我应该怎么做呢？

> DRIVEN BY DIFFERENCE 关键词
>
> **无意识偏见（unconscious bias）**
>
> 由于个人成长、经验和价值观的影响，我们总是不知不觉地偏好某一类人群。

多数文化意识培训项目的另一个重点就是熟悉典型的大型文化群体，提前掌握在特定环境中应该注意的文化规范。不过，这类方式一定要保持足够的灵活性。假设你学过如何有效地与印度人合作，难道你真可以总结出轻松应付10亿人口的规范吗？而对于在印度出生、多伦多长大、最终定居孟买的人和来自德里、在迪拜工作的人而言，这种规范是否同样适用呢？

没有任何人可以缩减为单一模板，我们的生活远比这要丰富多彩。我是美国人，但是我的父母都是加拿大人。我博士毕业，白种人，有孩子，也是基督教徒。任何一个标签都附带着各类的暗示。不过，只有你和我彼此了解之后，我们才能真正理解自己是怎样被所在的不同文化影响的。没有任何一个模板可以定义你或我。多数多样性培训都存在一个基本问题，就是忽略人际交往获得的直接知识。**人们一定要切记不能只依靠文化规范来预测人类的行为。**

行动才能造就结果

最终，人们开始对多样性对话感到疲惫。他们认为这不过是柔软、感性的话题，充斥着人工的康巴亚（Kumbuya）时刻。[①]它主要的关注点是每个人与他人是否和睦相处。正如所有对待多样性的不完整方法一般，这种想法也有一个方面是可取的。文化智力必须植根于某些更高层次的追求，超越为操纵其他文化而学习的想法。尊重和理解是文化智力创新的基石。不过，我知道，如果项目只是简单地归为“做好事”，而不是直接与组织的战略任务相关，那么绝不会有那么多领导者坚持在这方面大把花钱。康巴亚方法完全就是“对话”，帮助人们聆听彼此，而这在多样性的环境中显然很重要。我成长于一个对宗教很虔诚的家庭，自小就沉浸在基要派亚文化环境中，当我以更全局的角度看待世界时，首先就要与来自不同宗教背景的人对话。我发现这类人并不像我想象的那般可疑，我们其实有许多相似之处。不过，随着时间的推移，在推动文化智力发展和提升时，我需要的就不仅仅是与“他人”对话交流了。

无边无际、没有实际行动的对话使我越发疲惫和讨厌。我们需要行动，不能停留在政治立场正确、文化上感性的议程里，这类议程通常都只不过是最大

① Kumbuya（“Come by Here）是 20 世纪 20 年代兴起的圣歌。后来成为童子军和夏令营篝火晚会的保留歌曲。——编者注

限度地减少争论，过度强调共同立场而已。我们需要以行动为导向，通过积极讨论平等地对待差异和共同点，因为正是这两点才是我们创新和行动的主要源泉。

文化智力，创新的关键催化剂

多样性就在此处，将继续塑造我们内在和外在的行为方式。多样性本身不会自动产生更好的创新。不少关于多样性的主流方法都忽略了这个问题。必须注意，文化智力才是创造不同的关键。个人在多样化团队中的文化智力水平决定着团队多样性是推动还是阻碍创新。在你进入以多样性为特点的环境中时，文化智力的作用就会凸显，它能预测在多样性的环境中你会有积极还是消极的体验。那些文化智力高的人可以管理多样性，提出更好的解决方案，而那些文化智力低的人在与不同的同事和客户合作时就会始终感到烦扰。

DRIVEN BY
DIFFERENCE 关键词

文化智力（cultural intelligence）

与普通智力的定义不同，它一般指的是在多样性的环境中的适应能力。文化智力涉及四大能力，包括文化智力驱动（动机）、文化智力知识（认知）、文化智力策略（元认知）、文化智力行动（行动）。

组织对高文化智力人员的需要基于两大主要理由：市场越来越多样化和劳动力也越来越多样化。对于多数组织而言，发展的最大机遇蕴藏于不断扩大的国内外多样化市场。《财富》500 强公司预计未来 10 年最大收益流将来源于新兴市场；顶级学府也正向全球打开大门，广泛接收那些之前在学校里数量极小的群体。有效打入这类多样化市场的最好方式之一就是招募多样化的劳动力。消费者多样化与劳动力多样化的趋势决定了文化智力方法面临的主要挑战和机遇。

需要文化智力的两大理由：

- 多样化市场
- 多样化劳动力

消费者多样化与劳动力多样化的趋势决定了文化智力方法面临的最主要挑战和机遇。

你怎样保证多样化会引向创新、改进解决方案，而不是妨碍创新、导致更差的结果呢？在不少人员已经出现严重多样性疲劳的情况下，你应该怎样解决这个问题？多样化团队可以比同质化团队提出更具创意的解决方案，但这不是自动生成的。关键就在于最大限度地降低多样化团队内部的人际冲突，最大程度地利用不同视角和价值观。这也是文化智力中心诞生的理由。有些与我们交流的领导者对不同文化有着深刻理解，但他们仍然无法有效地制订领导多样化团队的计划。我们观察了那些意识到内部偏见，但仍然无法高效工作的团队。我们也了解有些组织成功聘用了更多不同背景人士，但仍然身陷在困局之中。文化智力能通过提供更复杂的多样性处理方法来解决这类不足之处。

文化智力是在多样化环境中交流和工作的能力。我们对于文化智力的研究发现，它包含四大能力。这四大能力就是：

- 文化智力驱动（动机）：有兴趣、自信和动力适应多样性的环境
- 文化智力知识（认知）：理解多样化的规范和差异
- 文化智力策略（元认知）：了解文化多样性的体验，进行相应地规划

● 文化智力行动（行动）：在多样性的环境中适当改变言语和非言语行动

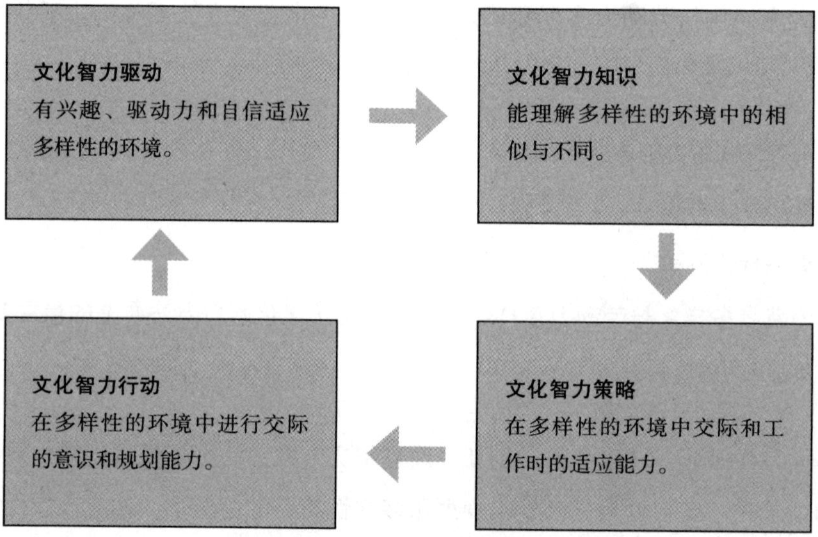

图Ⅱ-1　四大文化智力能力

研究表明所有人都可以提高个人的文化智力，并且更高的文化智力水平也预示着多项更乐观的结果（参见附录 A 了解关于评估和培养文化智力四大能力的额外信息）。

个人投资文化智力的回报

你的文化智力预示着你在多样性的环境中将如何表现；不论是在其他国家居住、旅游，还是与文化背景不同的同事、客户共同合作某一项目，抑或在两个具有不同组织文化的团队中工作。与此同时，来自 68 个国家 90% 的高管人员认为应对多样性的技能对保持个人竞争力最重要。因此，你的文化智力越高，你就越可能超越其他人，获得新机会，挣得更高的薪水，成功地在多样化、全球化的环境中完成工作。

组织投资文化智力的回报

对于拥有文化智力人才的组织而言，最重要的投资回报就是公司更可能在多样性的环境中完成任务。在文化智力水平低的情况下，多样化团队表现不如同质化团队。然而，在文化智力水平高的情况下，多样化团队的表现将全方位地超过同质化团队，包括生产力、员工参与度、赢利水平、创新等。

DRIVEN BY DIFFERENCE 创新小贴士

拥有高文化智力员工的组织，能获得的7个好处

- 扩张进入多样化市场（全球或国内）。能提供适应不同于本土市场的产品和服务
- 为不同文化背景的客户提供高品质服务。预测如何更好地服务不同文化背景的客户，以及在出现错误和误解时适当应对
- 提升速度与效率。在多样性的环境中高效地完成交易、达到目的
- 构建富有成效的全球外派体系。确保成功、可持续性的国际外派
- 吸引人才。在整个组织重视文化智力，以文化智力为模范时，就可以吸引、挽留全球人才
- 提升盈利性与节约成本。在职员有着高文化智力时，会出现高收益、低成本的效果
- 强化多样化团队凝聚力。有利于多样化团队内部的沟通和表现

多样性、文化智力和创新之间的联系究竟是怎样的？我们审视这个问题的方式之一就是，探讨多样性和文化智力如何影响个人在多样化团队中的表达。大胆表达个人想法和意见是创新过程中的关键环节，同时也是充满风险的尝试。对于来自不同文化的团队成员，文化智力将如何影响他们表达意见的问题，我的几位同事进行了相关研究。在一项研究中，他们收集了亚洲大学 303 名学生的

数据。所有学生都被组成团队参与到复杂的、为期 3 个月的项目，而这个项目在他们的课程分数中占有很大比重。某些团队是由来自不同国家的学生构成，而有些则是由同一个国家的学生构成。相比于在文化背景相同的团队中，文化智力低的学生在文化背景不同的团队中更不太可能表达意见。然而，文化智力高的学生在文化背景不同的团队中和在文化背景相同的团队中表达的频率差不多，甚至更多。在文化背景不同的同龄群体中，他们的文化智力会降低表达意见的潜在风险。因此，高文化智力学生组成的多样化团队在执行任务时，通常能提出更具创造力的方法。

IDE 是一家总部在欧洲的跨国公司，针对其 41 个办事处的 205 名管理人员的研究也同样证实了上述情况。文化智力低的下级在向文化背景不同的上级汇报时，不太可能发表观点和向上级提出意见。不过，文化智力高的下级无论是否存在文化差异，都会经常提供个人意见。

因此，高文化智力预示着个人在多样性的环境中表达个人意见的意愿。此外，高文化智力的个人更可能克服多样性导致的人际挑战和紧张。他们会建立信任，并敢于承担风险，例如表达不同意见。不过，其行事方式并不会让他人感到威胁。在本书第 7 章讨论如何引导多样化团队产生新想法的时候，我们将就这一观点进行更深入的探究。关于多样性潜在利益的研究仍然没有停止。不过，已有越来越多的证据表明，如果其组织掌握了如何有效获得不同文化背景人员的想法和意见，那么它就比那些仅从单一角度经营的组织表现得更加出色。**在谷歌员工中开展的内部调查发现，多样、包容的团队在创新方面表现得更加出色；麻省理工学院经济学家萨拉·埃利森（Sara Ellison）进行的一项调查研究证明，成员性别更加均衡的团队可能会取得更好的商业结果。**性别构成比较均衡，并且其成员善于挖掘多样性潜力的团队比由某一性别主导的团队更能提出具有创造性的解决方案。一家专业服务公司在实施既定计划后收益增长了41%，该计划要求团队男女数量相同，且对所有成员的观点均予以足够重视。

阿里巴巴创始人马云表示："阿里巴巴成功的秘方之一就是我们有许多女性员工。"阿里巴巴的女性员工占员工总数的47%，在高管中的比例为33%；这点与技术公司的常见情况截然相反。女性会带来新的启示、技能和人际网络，而且也会尽可能避免不必要的风险。不过，关键之处还是在于她们的女性视角是否能有效结合文化智力，并被充分利用。甚至在Twitter上关注文化背景与你不同的人也会比仅关注类似的人能让你产生更具创意的想法。这一点是已经被证明了的。

瑞士制药巨头诺华公司就把对文化智力的承诺与多样化员工相结合，为发布新品牌进行了市场调查。员工提供的不同视角成了内在的资源；通过挖掘其中的潜能就会带来比传统市场研究更好的结果，而且实际上没有任何成本。研究表明团队至少有一名成员与目标终端用户具有相同的文化背景，整个团队就可以更好地理解该用户。事实上，一项研究发现，某团队成员如果与客户是同一民族，相比不是的情况，其理解客户的可能性要高出152%。因为文化智力是增势，文化越多样，团队成员文化智力就越高，其创新潜力也就越大。诺华公司预计在利用内在多样性的同时充分发挥文化智力就可以节约数百万美元，而且多样化团队也可以提供创新解决方案，改善生活、挽救生命。

团队多样性越高，越有可能发现潜在问题，并提出创造性的解决方案。不过，这个过程很缓慢，而且充满着各种困难。当每个人看待问题的角度相同时，人们会感到轻松，从而更加乐于交往、合作和公开分享观点。多数团队认为这种情况更令人愉悦，而且短期而言效率也更高。然而，这不过是短浅之见。如果多样化团队可以吸收差异性，结合文化智力，就能产生更好的结果；而且随着时间的推移，也会收获更多，因为你可以从更加多姿多彩的角度看待整个世界。

DRIVEN BY DIFFERENCE

小结

多样性是无限的。对创新而言，消费者多样化与职场多样化是绝对核心，它充满着挑战并孕育着最大机遇。同质化团队在文化智力水平低的时候表现得要比多样化团队高，但是在团队成员文化智力水平高的时候，多样化团队就比同质化团队表现得更具有创意、更高效。

对多样性的好处，我保证不说那些陈词滥调。相反，我们需要研究全球利用文化智力创新的实践经验，重点关注那些成功的领导者和可资借鉴的组织。我们首先需要讨论建立文化智力创新环境的基本要素；随后了解推动文化智力创新的过程。

管理多样性是一个长期过程。谷歌多样性总监南希・李（Nancy Lee）承认谷歌要想改变白种人、男性为主的劳动力结构还有很长一段路要走，不过她和她的同事都会坚持下去。她表示："公司要想在当今世界取得成功，就需要各个角度、背景的想法。时间可以证明这一点。"

多样性×文化智力=创新

团队成员的文化智力决定着多样性是在推动还是妨碍团队的创新。提升文化智力，获得多样性优势。

测试题

利用多样性驱动创新，你必须知道的常识

1.下列差异中，能够构成多样性的是（ ）

A. 性别差异　　B. 身高差异

2.多样性最为关键的因素不包括（ ）

A. 团队存在弱势群体　　B. 团队成员来自五湖四海

3.你觉得什么样的企业最难于创新（ ）

A. 对失败非常宽容　　B. 当期利润就是一切

4.在企业发展的过程中，应该采取的扩展范式是（ ）

A. 山寨　　B. 融合

5.不属于创新5D过程的是（ ）

A.交付（deliver）　　B.删除（delete）

6.获取别人视角时应该避免（ ）

A.完全把自己置于对方的立场，实际感受对方的某些情感

B.尽量不要在愤怒的状态下，考虑别人的想法

7.在人类思考创新时，属于经验性专注的有（ ）

A.头脑风暴　　B.反思和质疑

8.团队冲突的主要原因是（ ）

A.团队目标不明确　　B.成员性格不合

扫描二维码
回复“为谁留的空椅子”获取必须知道的创新常识

DRIVEN
BY
DIFFERE

第一部分

文化智力创新的5P环境

How Great Companies Fuel Innovation Through Diversity

ICE

创新的起点就是尽最大努力从更多角度看待问题。多样性就是最好的解决方法。结合创新的开创性研究、文化智力和社会心理学，第一部分探讨了如何建立推动文化智力创新的基本框架。该框架对于个人和团队而言都同样关键，且对任何尝试创新的人而言同样有用武之地。当然，它与利用多样性推动创新最是息息相关。文化智力创新环境5P模型包括以下五大基本要素：

- **注意力（第1章）**
- **视角（第2章）**
- **专注（第3章）**
- **空间（第4章）**
- **信任（第5章）**

THE POWER OF ATTENTION

01

全心投入才能点燃潜能

注意力的力量

阅读地图

DRIVEN BY DIFFERENCE

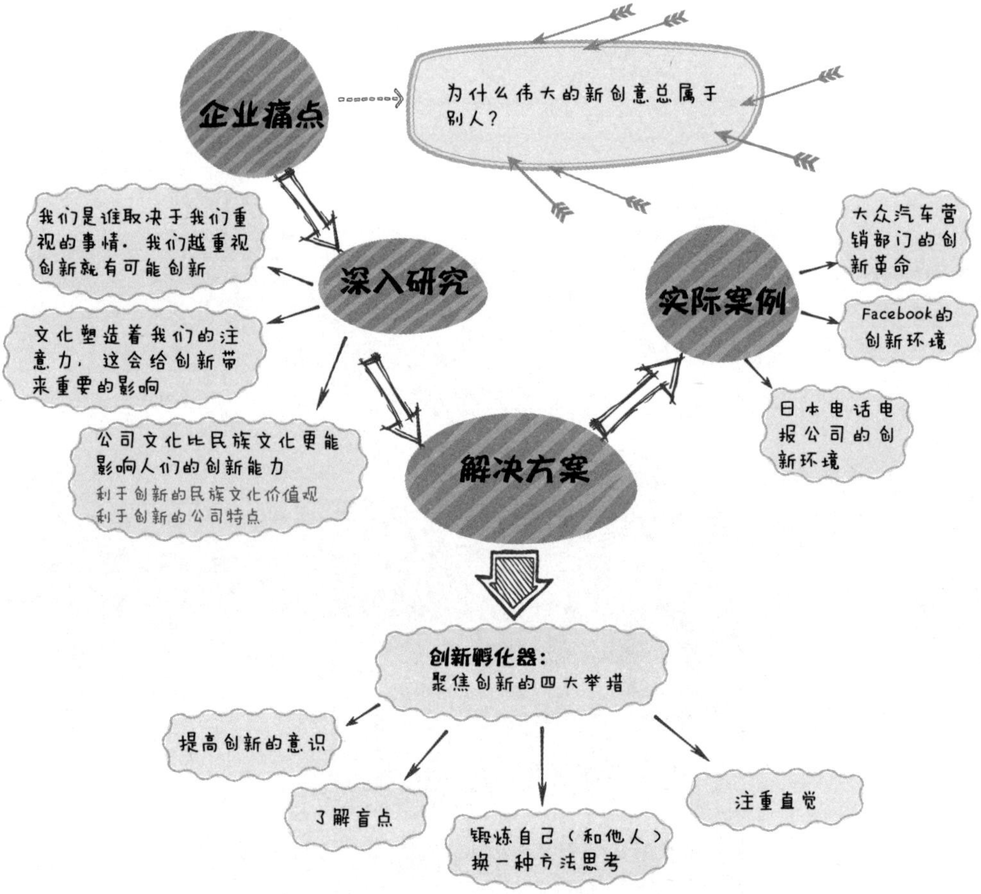

如果你要买一辆银色本田，你就会发现身边到处都是银色本田。这并不是因为路上的银色本田真的变多了，而只不过简单地证明了精神的威力。你最常思考什么，就会在现实中最关注什么；你越常思考创新，就越有可能实现创新。

哈佛心理学教授埃伦·兰格（Ellen Langer）针对一组七旬老人进行了一项实验，借此证明了注意力的力量。[①]她重现了20年前的生活环境，并把他们安置于其中，杂志、音乐和报纸等都是20年前的。经过一周的体验之后，老人们明显变得更加年轻。这不仅表现在态度和对话上，在生理方面也更加年轻了。体检报告显示他们的站姿更挺拔，身体也更灵活，甚至他们的手指（通常随着年龄增长会变短）也变得更长。我们是否关注某些事物，其实存在着难以想象的巨大差别。尽管你不能强迫自己或任何其他人都有灵感突发的时刻，但探索创新解决方案的努力程度，却与产生创新结果的可能性直接相关。

① 埃伦·兰格，积极心理学奠基人之一，第一位获得哈佛终身教职的女性心理学家。其《专念》《专念学习力》《专念创造力》简体中文版已由湛庐文化推出，浙江人民出版社出版。——编者注

建立文化智力创新环境的关键因素就是关注多样性和创新。你关注创新的程度，部分取决于你成长的文化环境和你所在的组织环境。不过，在此之前你必须首先明确创新一词的意义。尽管现在全世界都在说这个词，但它的意义并不明确。

重新定义，创新就是一点点地改善世界

对于多数人而言，创新等于难以置信的发明，就像太空旅行和下一代苹果手机一样；这类创新都有某些使人惊叹的因素。不过，在通常情况下，多数创新其实都很微小且具有累积性。然而，它真的可以改善人类生活，优化过程以提升工作效率。创新就是创造新的、有用的事物。

通过一次一个小的创新，程序员们可以合作创造出更人性化的界面，老师可以合作开发出更贴合学生个人兴趣的课程，而负责协调团队内部关系的行政助理则可以削弱摩擦，从而创造一个不同的世界。这些就是我随后将在本书中探讨的想法和解决方案，它们有大有小。不过，总的说来，文化智力创新能引发世界重要的改变。某些创新可能产生惊人的解决方案，例如治愈癌症和火星旅行。不过，多数创新都是对于全世界有着切实影响的小变化，包括工具、药品和应用软件之类的产品创新，也包括改变个人进行战略规划的方式、学习管理沟通流程的新途径以及寻找推广想法和解决方案的代替手段等过程创新。

文化智力创新是利用多样化团队的优势，满足日益多样的用户需求。团体内的多样化程度越高，就越可能比团队外的人抢先一步发现问题，并提供全新的解决方案。文化智力创新曾帮助文化背景不同的航空公司合作开发出了电子机票解决方案。这项绿色创新使许多人获益，他们都需要从不同航空公司（例

如德国汉莎、埃塞俄比亚航空公司和中国国际航空公司）购票。因丢失机票而困扰不已的时代终于一去不复返了。这个案例将在本书第8章中详细探讨。瑞典家具巨头宜家就利用多样化团队的协助调整了商品展示方式，并为西班牙客人提供了更符合其口味的家具，后者原本对宜家典型的中性色调的小型餐厅家具不感兴趣。宝洁公司始终位列公司多样性50强名单之中，主要就是因为其建立的家用产品渠道以创意获得了业界的一致认可。宝洁这家公司早已全球化了，这使其总是在内部探索各式各样的合作方式以维持创新，而这一切又直接与公司持续的新产品研发紧密地联系在了一起。

注意力如何塑造你的世界

思考创新的程度决定了创新的可能性。这就是集中注意力的力量。**你在任何环境或事件中的体验取决于你选择关注或忽视的内容，这是一种心理学现象。你的生活在很大程度上是由你所关注和不关注的对象决定的。**如果你关注的是其他事情，你的现实情况和生活就会大有不同。而且，一系列研究证明我们的行为实践会强化我们的品性。如果你的行为风格就是下流、小气，你就会变得更加下流、小气。如果你做事礼貌、和善，你就会变得更加礼貌、和善。这点对于组织而言同样适用。公司或大学的举措和各自的优先事项会决定公司或组织要做什么，要怎么做。个人和组织的特性实际是所关注事物的混合品。问题的关键在于，当我们面临无数外界刺激、项目和优先事项的轰炸时，我们应该怎样分配注意力？为不同用户实践新理念、开发新产品和服务项目在我们思考的内容中一直占据多大比例？在我们陷入僵局时，我们是习惯性放弃还是坚持不懈，直到找到全新的解决方案呢？

如果你仍然不相信集中注意力的力量，你现在背部感觉如何？在你读前几段文字的时候，背部的感觉信息是始终存在的，但是只有在你集中注意力的时候才会意识到这一点。开车的时候如果你在听广播或是与他人对话，就不太可能注意周围的景色。因为你已经“调低”大脑中的视觉信号，这样才能集中你的注意力接收听觉输入。

DRIVEN BY
DIFFERENCE 关键词

消极偏见理论

（negative bias theory）

你更有可能关注负面情绪而不是正面情绪，比方说坏司机的恐惧、愤怒或烦恼，因为负面情绪更具影响力。消极偏见理论对于多样化团队而言有着深刻的影响。

根据心理学所谓的“消极偏见理论”，你更有可能关注负面情绪而不是正面情绪，比方说坏司机的恐惧、愤怒或烦恼，因为负面情绪更具影响力。消极偏见理论对于多样化团队而言有着深刻的影响。假设团队会议包括一次工作午餐，而我们都根据自己熟悉的社交习惯用餐。如果这时有人偷偷观察别人的不同用餐方式，就可能会导致冲突，甚至给人粗鲁或不礼貌的印象。每种文化都有自己推崇的用餐礼节，例如在用餐时不说话，或是把一长条食物切成小块，而不是整个拿起来。因此，一旦你见到别人的礼节与自己的不同，就会即刻吸引你的注意力。当人们以预期的方式用餐时，他们的行为通常不会受到任何关注。你在某人“礼貌”用餐时不太可能去关注他，但是在“不礼貌”时显然会。良好的礼节、尊重和适当的职业行为都是文化纽带。切记，千万别太快断定某人的表现不够专业或者没有表现出自信。同样的，在事情推进顺利的情况下，我们不太可能注意到同事的文化差异。在你们工作时，他不过就是张三或者李四，没有任何冲突。然而，一旦出现某些不好的情况时，人本能地就会从文化的角度来看待张三或者李四。这样的想法会突然冒出来：你不能相信那种文化背景的人，因为他们肯定会让你失望的。**过分关注消极情绪会使你的世界观更加狭隘，目光更加狭窄。关注积极的事情会扩大个人视野，这就是注意力集中的力量。**

文化塑造个人注意力

文化如何影响你分配注意力的决定呢？你会关注整个社区都在关注的事情。多数人开的车会与邻居或社会团体其他人的类似。我们装饰庭院和内宅的风格也会与邻居和朋友的类似,因为我们在社交中会适应我们最常遇见的趋势。我们会与朋友的职位类似，与同行的穿着类似，而且多数人看待学术成就的方式都会与整个文化看待学术成就的方式相符。比方说，亚洲人典型的正面形象就是聪明。实际上没有确定的证据表明中国或印度学生的基因使他们在学业上比其他文化背景的学生更为突出。不过，亚洲不少主流文化都对子女的学业抱有相当高的期望，希望子女学业有成、光宗耀祖。因此，正是家庭和社区对学习成绩的关注程度不同，使得智商为 100 的美籍华裔学生就可能取得与智商为 120 的美籍白人学生相同的成就。

我曾拜访过全球最大的电信公司日本电话电报公司。穿过迷宫般的走廊，我终于来到了办公区。宽敞的屋内安静极了，很有图书馆般的氛围，数百人都在埋头苦干。电梯中配有标志，提醒大家在从一处前往另一处时不要讨论工作的事情，以防外人窃取机密信息。其餐厅正好可以俯瞰东京，以极简主义为设计理念。人们安静地吃着日本传统食物，相互小声交谈。日本电话电报公司的环境完全符合日本文化，展示出高层高度重视适合日本环境的极简主义和集中管理。因此，这有益于将员工的注意力转向创造方面。你的工作环境显然影响着你的思考内容和行事方式。

DRIVEN BY DIFFERENCE 案例

从瑜伽房到木工房，Facebook的工作环境

你的组织文化怎样塑造你的注意力？Facebook在加利福尼亚州门罗帕克的基地阳光明媚，穿行其间的我即刻就注意到很明显的一点，那就是人们在这里努力工作的同时还很开心。桌上摆放着堆满了免费糖果的碗，冰箱里储藏着健怡可乐。人们滑着滑板穿行在楼宇之间，到瑜伽房和木工房里放松一个小时或是坐在餐桌旁打开手提电脑做事。水泥铸成的HACK四个字母在庭院中相当显眼，甚至在谷歌地图上都能见到。你会觉得Facebook是一个每个人都百分之百努力、做事充满乐趣的地方。整个环境的目的就在于减少外出用餐的干扰。既然马克·扎克伯格最爱的寿司和墨西哥餐馆都在这里，还有什么理由离开呢？显然，人们也无须在工作前后去瑜伽馆，因为在这里就可以练习瑜伽放松，而且还是跟志同道合的同事一起。

每个人都需要关注创新

在大众汽车营销总监卢卡·德·梅奥（Luca de Meo）受命将碎片化的营销单位整合成创新引擎时，他发现所有人都认为创新是工程师所独有的崇高领域。德·梅奥相信营销人员应该和工程师一样关注创新，但是营销人员却没有适应这种思考方式。在他们的眼中，真正的创新者就是工程师和研发人员。德·梅奥不断通过各种方式让营销人员意识到，如果自己不积极参与到创新过程，且发挥重要作用的话，大众汽车根本不可能实现在10年内成为汽车制造商龙头的目标。他告诉营销人员："品牌绝不是虚无缥缈的东西。伟大品牌已用扎实的证据证明了自己的价值。这是真正的经营，而不是所谓的魔法。"他让他们相信大众汽车的营销方式也和汽车工程一样需要创新。

随着时间的流逝，大众汽车的营销人员开始帮助公司其他部分以创新的方式进行思考和工作；其中一个项目就是“蓝色思考”，一个覆盖全公司的环保声明。不久，大众汽车在全球40个国家中的职员都开始发起了自己的“蓝色思考”项目。德·梅奥清楚营销总监一职的责任不仅仅是广告宣传和树立品牌。他需要让公司所有人都关注创新，进而更好地支持大众汽车的营销活动。

不要低估精神的威力。简单地要求一个团队考虑创新只是推动文化智力创新的第一步，而阅读本书将是营造文化智力创新氛围的第一步。

偏见，阻碍合作的地雷

企业长期以来经常通过刺激客户的潜意识来利用注意力的力量。刺激是通过产生某个特定的诱发因子，使我们以某种方式感觉和行事的过程。消费者在超市的购物过程绝对是说明刺激威力的最佳实例。在全球多家超市中，“新鲜摘取”的花朵通常都是你首先看到的东西；在你进店的那刻起，它就开始刺激你的新鲜感，即便是冬季刚过一半。接着，你会见到五颜六色的蔬果，不少都是商家精心挑选的，就是要让你有统统买回家的冲动。比方说，都乐（Dole）会向杂货商分发香蕉销售指南，指明香蕉的颜色与销售潜力直接相关。相比于颜色更温暖的香蕉，明黄色香蕉可能销售得没那么好，因为前者会让人有更熟、更新鲜的感觉。多年来，超市都逐渐开始采用一种源于丹麦的习惯：他们通常在选定的蔬菜上喷水，以便让人产生一种新鲜、纯洁的感觉。不过，我们的眼睛却在“欺骗”我们，这种如露般的薄雾会使蔬菜比平常腐烂得更快。

刺激又将会如何影响我们与不同文化背景的同事和客户合作呢？好吧，如果下面这个人加入你的团队会，初次见面时你会有什么想法？这是一位 67 岁的女性，头戴头巾，会说英语，但俄罗斯口音很重。任何上述说明，她的年纪、性别、外貌或国籍，都会引起你近一步猜测。你可能对她的情况没什么抵触情绪，但是毫无疑问，相比于 37 岁、金色头发、会说英语且有英国口音的女性而言，你对她会有不自觉先入为主的假设。**我们对某些文化都会有先入为主的假设，而这会深刻地影响我们在创新过程中的行动方式。我们所有人都有先入为主的习惯，而且我们需要先入为主才能生存。我们大脑通过先入为主的想法提示我们危险的存在。不过，我们是否在先入为主的基础上行事又是另外一回事。**

在 21 世纪，不加克制、无意识的先入为主对于提高效率而言最为致命；不论是对聘用、营销还是对战略规划而言都是如此。因此，公司、政府和大学都投资数百万美元帮助自己的职员修正对于特定人群暗含的偏好。2013 年，谷歌 4.6 万名员工中有 1.3 万多名都参加了无意识偏见的培训，从而暴露出他们基于个人成长环境、经历和价值观会无意识地支持某类人。陶氏化学、普华永道和诺华也同样认为这种培训是最佳措施之一，可以大幅提高越来越多样化的团队的能力；政府和军队也已加入了这一大潮流之中。避免自身文化对于其他文化的潜在偏见是第一步，这可以提高个人与不同文化背景的同事和客户的合作效率。以口音这种似乎无关紧要的事情为例，五分之二的美国人对南方口音会联想到“未受教育”。这可不仅仅是北方人会这么认为。在一项研究中，田纳西州 9 岁左右的儿童表示北方口音听起来“更聪明”，比南方慢吞吞的调子更具有“掌控力”。杜克能源公司前任 CEO 吉姆 · 罗杰斯（Jim Rogers）出生于肯塔基州，他表示在工作初期自己总觉得像一个局外人。他说：“我去华盛顿当律师的时候，就觉得必须更加努力工作、表现更好才能证明我自己，因为我有南方口音，而且来自农村。”全球多数地区同样对口音也有着内在的偏见，带有某些地区的口音的人会被认为比其他地区的更加圆滑、精明。

美国人存在的最严重的一种偏见可能就是对于年龄的负面偏见。整体而言，尽管美国人认为年龄大的人相当和善、具有魅力，就像是亲切、耐心的祖父母；但是经调查发现，80% 的美国人表示内心更愿意和年轻人而不是年长的人合作。在全世界不少地方，情况却恰恰与此相反。我首次在日本某活动中演讲时，曾遇到过这种情况：在当时的问答环节中，只有一个问题被提了出来。有人问："你多大？"口译员解释道，我看起来很年轻，会让人质疑我的可信度。美国人不会大喊："年轻人万岁，老年人下台！"日本人也不会说："年轻人下台，老年人万岁！"不过，这类内在的假设却深刻地影响着人们思考和交往的方式。

我们需要先发现自己潜藏的偏见，然后锻炼我们的大脑以不同方式换位思考；这需要大量的实践和训练。至于应该运用何种策略，我们将在后面的章节中详细探讨。

创造力之源，为什么伟大的新创意总属于别人

传统观点认为，相比而言，某些个性和文化更有创造力。个性和文化背景怎样影响创新过程很值得研究。每种文化和个性都可以某种方式有效地进行创新。当然，我们必须先了解文化如何塑造创造力和创新精神。

文化价值观

保罗·荷比西（Paul Herbig）和史蒂夫·邓菲（Steve Dunphy）审视了国家文化价值观对于创新技术发展的影响。**他们声称不少文化价值观在其创新能力中扮演着一个重要的角色，包括个人主义、冒险精神、乐于接受改变、未来本位（关注未来而不是当下的结果）、扁平的社会结构（权力链条较短）、对模**

糊的高忍耐性（规避不确定性的意愿低）和对新信息的开放态度（参见附录 B 了解更多关于这类文化价值观的信息）。

另一位研究者，斯科特·沙恩（Scott Shane）通过计算不同文化出现的发明数量来衡量其创新情况。他发现文化包容不确定性和模糊性的程度（规避不确定性的意愿）直接与创新水平相关。事实上，他表示文化对模糊性的包容比人均收入（通常使用的变量）更重要。沙恩还表示个人主义、利他主义比集体主义、等级结构更容易产生和推动创新。考虑到世界上多数国家都是集体主义和等级结构的，包括亚洲、非洲、拉丁美洲和中东的多数国家，这个主张就相当有意思了。

荷西比、邓菲和沙恩的发现似乎是合理的。排斥不确定性的社会等级结构看起来的确会形成妨碍创造力发挥的环境。不过，真的是这样吗？日本社会具有典型的等级结构且全民都不喜欢不确定性，但它使整个美国汽车行业分崩瓦解。多家《财富》500 强公司已经投入大量资金学习日本的“精益”理念，这种理念强调把创新微分成一次次小改进。虽然日本在过去 10 多年里始终面临严峻的经济挑战，但是不少迹象表明日本正在通过创新实现复兴。新加坡同样也是极度等级化、排斥不确定性的国家，也同样是创新的孵化器；它甚至想出了净化废水变为干净饮用水的方法。以色列是全球规避不确定性意愿最强的国家，也同时是全球人均高科技新兴企业最集中的国家；以色列每年有近 1 000 家新公司诞生。

根据全球创新指数，最具创造力的国家包括瑞士、以色列、英国、日本、美国和新加坡。这些国家的文化在等级结构和不确定性包容程度方面几乎覆盖了整个范围，从最弱到最强。因此，仅以文化价值为基础来判断相关群体是否具有创造力，明显与事实不相符。不过，文化价值观的确影响着人们对待创新的方式，具体情况我们将在后面章节详细讨论。在日本、新加坡和德国之类的地方，冒险创新已是常态；不过，一旦创新失败，它们往往有提前预备的另一套方案。要切记，某些文化有创造力而另一些没有，不能简单地归因于文化价值观。

政策因素

某一文化对创新的重视还在另一方面表现出来，那就是政府对基础设施的投入。对于多数政府而言，首要的工作就是发展强大的高校体系。如果没有高校的支持，就难以吸纳人才，进行研究，推动创新；有天赋的科学家和工程师通常喜欢拥有强大的教育体系、丰富的资源和大量新发明与技术的地方。知名高校能够培养出更多掌握技术的人才，进而推动创新和发展。政府在此方面最有效的做法就是将强大的教育基础设施与对应策略相结合，与适当行业合作，保证学术研究成果可以顺利市场化。

知识产权保护也是政府推动创新的重要方式。另外，政府激励和推广多样性的努力，也是政府促进社会创新的一种方式。

其他文化影响

其实，文化之间存在诸多差异会影响人们对创新的关注程度。谁更有可能创新，是那些濒临绝境者还是生活很安逸的人？这要视情况而定。一方面，困境可能是创新的有力驱动因素。生与死的严峻环境可能驱使你创造性地决定某种生存方式，不论付出何种代价。艺术家在绝境中也会被激发出强大的创造力，例如许多杰作都诞生于第二次世界大战的集中营。不过，求生的压力也会使你无暇进行创意思考和规划。当你在享受一定品质的生活时，你才有更多的自由去考虑如何进一步改善生活。

国家的起源也有一定的影响。某些研究表明美国民众比欧盟国家的民众更可能从商。人们通常认为这是开拓创新精神的反映，当时的先驱离开欧洲的稳定环境，开始白手起家创建一个新国家。一项研究发现四分之一以上的美国人曾考虑开办自己的公司，而几乎没有多少欧洲人考虑过这种事情的可能性。似乎创业和自我主导已经成为美国文化的一部分，而欧洲文化相比之下就更少一点。

其他研究已经指明，民族主义和团结意识对于推动国家创新有重要意义。印度尼西亚是全球人口最多的国家之一，不过其广泛分布的岛屿和文化群体使国民缺乏共同的民族身份意识，这导致该国通常在创新评级中分数落后；还有人认为缺少团结国民的文化资源和忽略创新之间也有一定的联系。对比之下，中国 10 多亿人口都有着强烈的团结统一意识，而其每年出现的发明数量也在逐步赶超美国和日本。

当然也有其他人表示，相比于当代文化，传统文化不太可能促进创新。传统文化普遍要求虔诚的宗教信仰、服从权威以及保护牢固的家庭纽带。某些研究认为这种传统的核心理念与创新是相悖的。不过，荷比西和邓菲则强调这点取决于宗教本身。比方说，新教徒强调职业道德，因此会大力推动持续的改革和改善；印度教和佛教主张知足的重要性，可能对创新持有更支持的态度。荷比西和邓菲表示伊斯兰教的意识形态可能对创新比较消极，因为服从真主的意愿才是更适当的做法。这些论断都是不完全的，需要更多的研究，不过它们会让大家深入考虑一下这类变量如何影响一个人对待创新的态度。

公司文化超越民族文化

尽管在如何对待创新的问题上民族文化扮演着重要角色，但是你所在组织的文化才是决定你能否顺利创新的最大影响因素。美国长期以来都被视为是全球最具创新力的国家之一，像苹果、联邦快递和耐克之类的创新公司均诞生在这个国家。不过，美国也同样存在许多缺乏创新的公司，包括柯达、西尔斯和百视达。公司文化其实比民族文化能够更好地预测你是否会主动思考创新。你的民族文化影响着你如何着手创新，但你是否真的创新却与民族文化背景没有太大关系；后者更多地与你的工作环境相关。

不论哪个地方的组织，推动创新的组织文化均具备三大特点：愿意持续投入，着眼于未来和宽容失败。每家公司在这三个方面的表现或许有所不同，部分原因是相关的文化差异。显然，它们所表现的一致性值得注意。

第一个特点，愿意持续投入，对于不少个人和文化而言这违反常理。为什么你要以当前的成功做赌注，来换取未经证明的潜在创新呢？多数公司和机构都努力保护那些能创造最大利润的项目。然而，只有甘愿牺牲眼前利益的组织文化才具备主动创新的坚实基础。这可能包括鼓励内部各部门之间的竞争。虽然民族文化强调和谐与集体主义的程度可能对竞争方式有着重要影响，但是内部竞争可以存在于具有多种文化的公司之中。

第二个特点，有意创新的公司通常在内部文化中更加强调着眼于未来。领导层会始终考虑组织未来 5 年的发展。组织内部的资源争夺者也随之竞相提出创新方案，以便解决那些尚未体会到的、但已经显现的问题。着眼于未来会刺激公司内部人员了解当前技术和体制的局限性，准备更加充分，考虑未来可能成为主导的新一代技术。民族文化显然在组织如何对待未来的问题中发挥着重要作用，某些文化比其他文化更注重未来。儒家文化是全球公认最注重长远计划的文化。当然，在以更短时期为主的文化中（例如俄罗斯或阿根廷文化）建立的公司也可以采取未来定位，但是必须更加努力创造某些短期结果，迅速取胜，以避免失去说服力。

第三个特点，具有创新主动性的组织文化通常会培养和加强容忍失败风险的能力。它倾向于为人们创造一种意识：失败是创新过程中可以接受的重要组成部分。它们拥有扎实的证据可以证明，即使并不是所有创新都将获得可靠的利润，但它们依然是很安全的。正如前文所提及的，有些民族文化比其他文化更倾向于规避风险，这使得在某些情况下失败会伴随着莫大的羞耻。因此，大环境会对组织的风险忍受程度产生重大影响。不过，没有任何文化可以真正避免风险，所以这其实更多地与它们选择如何处理风险有关。

关于公司文化和创新的文章和著作已有不少。克莱顿·克里斯坦森耗费了大量时间对破坏性创新的驱动力进行了重要研究，包括资源分配方式和创新出现地点之间的关联、技术与市场的匹配以及公司内部创新的具体环境。我将继续在克里斯坦森及其他人的基础上研究，目的是更具体地揭示他们的发现中所蕴藏的机会和挑战。这一切都源自多样性与创新的关系。

目前没有充分证据支持单个民族文化始终比另一个民族的文化更具创新力，较明确的只有不同文化产生创新的方式不同。3M之类的公司会将创新团队安排在优选的地点，因为某些特殊文化会影响他们看待问题的方式，更有益于创新。不过，随着全球组织联系越发紧密、分散和多样化，提高创新意识的方式和着手创新的过程，都将根据不同的动机和具有代表性的视角进行调整。

聚焦创新的四大举措

你的思想就是创新最强大的资产。花费时间思考创新，将有助于推动创造性的突破。在多样化团队中维持和营造文化智力创新环境需要审慎、长期的努力。我们以及我们的公司都容易分散注意力，而且几乎没有什么方法可以改变这种情况。

举措1，提高创新的意识

整个公司人员在多大程度上对创新和未来持有同样看法？他们看待创新的态度是否就像在德·梅奥升任领导前的大众汽车营销员一样——伟大的想法属于其他人？多样性在多大程度上被当作新想法的源泉，从而与创新有意识地联系在一起？

关注文化智力创新首先应该从领导层开始。某些公司会设置首席创新官一职，但是不是所有人都认为这是必要或是有用的呢？谷歌董事长埃里克·施米特（Eric Schmidt）和副总裁乔纳森·罗森伯格（Jonathan Rosenberg）写道："首席创新官的职位注定会失败，因为它将永远不会有足够的权力创造原生态的环境……CEO才最需要成为首席创新官。" Indi Go公司的CEO阿迪蒂亚·高希（Aditya Ghosh）在迅速成长的印度航空业中开创了一种专注创新的企业文化，他告诉所有级别的职员都不要害怕犯错并要跳出固定的思维模式。领导人必须能通过各种角度看问题，利用视角的宽度推动自己的方法，这是刺激文化智力创新的最重要的方式。创新需要调动组织中的每个人，并在产品开发和生产的每个流程中贯彻实施。图片、标志、员工大会和书面信息都适用于将每个人的注意力集中到未来客户身上。不同文化背景的消费者在5年内将会需要什么呢？过去曾采取过哪些大胆尝试来赢得不同消费者的亲睐？那些倍受欢迎和有用的办法对于未来有什么启发？关于这类问题的讨论有助于将注意力聚焦于文化智力创新。

举措2，了解盲点

你对个人潜意识的了解越深入，就越能感受到注意力的力量。如果你没有接触过无意识偏见方面的突破性工作，不如从这里开始。选择“盲从”项目的一项测试（www.projectimplicit.org），然后想一下你觉得哪类人最难以信任。创新的困难是否与根深蒂固的偏见有关？偏见又如何使你与创新突破绝缘？不要急于回答。不妨查阅一下马扎林·贝纳基（MahzarinBanaji）和安东尼·格林沃尔德（Anthony Greenwald）的作品《盲点》（*Blindspot*），这是我读过的关于这个话题的最好作品，以相当真实的方式呈现了这项激动人心的研究。通过更好地了解无意识偏见，你就会开始重新锻炼自己的意识，更开放地交流自己的想法，了解并学习以往被自己轻视的视角。

举措3，锻炼自己（和他人）换一 种方法思考

大脑是一个神奇的器官，通过选择不同的工作路径或调转晨间惯例等小事情，我们可以锻炼大脑有意识地思考创新。培养创新意识的最佳方法之一，就是至少每天打破一次个人习惯。让打破习惯成为一种习惯。改变自己的晨间惯例，以不同的交通工具去工作，或在不同的地点工作。不要总是以同一种方式或是在同一个地点举行会议。要求团队成员以不同于典型模式的方式进行工作。在你的团队想出解决方案时，停下来问问彼此这是否是最好的选择，或者是否存在第三种代替方法。

举措4，注重直觉

直觉有时是最可靠的决策机制。我们的潜意识已经随着时间的推移实现了程序化。在评估熟悉的情况时，直觉通常会引向更好的结果，而不是花费数小时审视优缺点。不过，直觉在文化环境变化时也会出现严重错误，因此经常错过全新的解决方案。你需要做的事情是，与他人协商，有意识地暂时不要相信直觉；质疑你的假设，积极寻找第三种解决方案。

DRIVEN BY DIFFERENCE

小结

如果全世界是个舞台，你关注的焦点将在何处？在你忘记刚刚遇见之人的姓名或无法找到钥匙时，不太可能是你在“失去”，更可能是她在自我介绍时，或你在放下钥匙时没有注意。你关注的焦点在别处。

创新是后天的还是先天的？可能某些个人具备创意思考、打破常规的特殊天赋，不过，所有人和我们所在的团队与组织也可以简单地通过更加注重创新而变得更具有创意。你每做一次决定，不妨停下来问问自己是否还有另一种方式。如果你是组织或团队的领导者，就应该营造一种文化，始终要求提供更多的解决方案，而不是在二选一中进行比较。挖掘大脑以新角度看待事物的能力，你就会发现自己很有创造性，而且你会惊讶地发现，这不过是简单地花费更多时间去有意寻找替代方案而已。

在你无法搞清楚某人为什么要那么说或那么做时，他的注意力焦点肯定是在其他地方。这点也会引领我们达到创建文化智力创新环境的下一个重要阶段：视角获取。

注意力的力量

你的思想是创新最宝贵的财富。通过有意关注创新和周围的多样化角度，就会刺激你想出更具创意的解决方案。

环境评估			
	几乎没有	偶尔	几乎总是
周围的人都来自不同文化背景，他们很关注新的或有用的做事方式。			

THE POWER OF PERSPECTIVE TAKING

02

贝佐斯为谁留的空椅子

视角获取的力量

阅读地图

DRIVEN BY DIFFERENCE

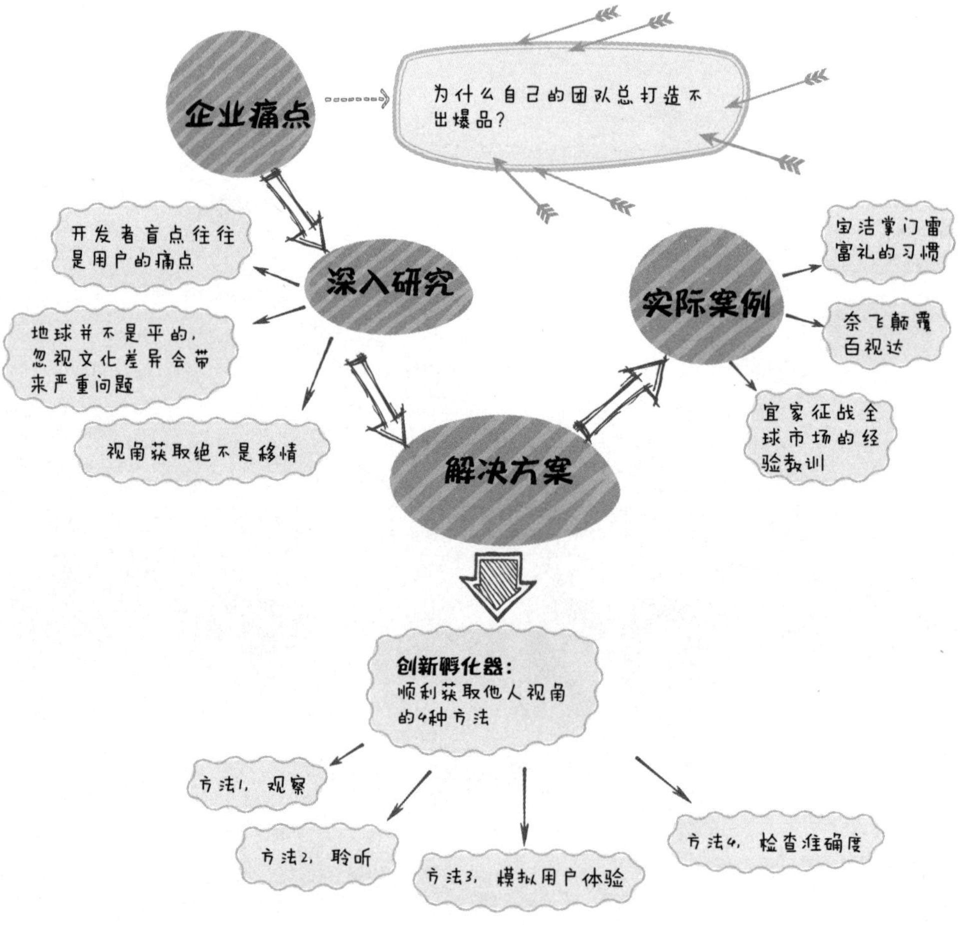

亚马逊创始人兼CEO杰夫·贝佐斯（Jeff Bezos）经常在公司最重要的会议上留下一把空椅子，目的在于提醒决策层和管理层，消费者作为最重要的人一直坐在会议室中。不少组织纷纷效仿亚马逊空椅子的做法。不过，如果与会者的文化智力水平很低，那么这把空椅就不会发挥太大的作用；参与者会简单地假设空椅代表的人士重视他们的工作。另外，如果每个参会人员都来自同一文化背景，那么就难以捕捉消费者的喜好和意见。因此，不妨尝试在公司最重要的会议上添加一把空椅子，但不要止步于此。真正需要学习的是掌握不同文化背景的用户如何看待问题，也就是“视角获取”。

视角获取是“跳出个人经历之外，想象他人情感、态度和动机的能力”。首先你要明白，两个人面对完全相同的信息可能得出截然不同的解读。多数人始终都在进行视角获取。我女儿喜欢什么生日礼物呢？我应该带这个客户去哪里用餐？我将如何说服他们达成交易？不过，我们越是熟悉某个活动，就越难获取视角，因为我们假设自己想要的就是其他人想要的。在访问网站时，我们希望网站看起来……如果同事在几个小时后需要联系我，我宁愿他们……但是我的偏好可能与其他人的偏好完全相反。对于任何希望用电话联系而不是电子邮件联系的人而言，相反的选择也绝不是错误的。

视角获取是文化智力创新的重要基本。一旦你准确地了解了他人的视角，你就会掌握全新产品以及服务的设计能力，真正实现符合需求的解决方案。在存在团队多样性的情况下，你必须学会站在用户角度构建问题解决机制。

宝洁经验，开发者盲点往往是用户的痛点

成功创新的关键部分就是寻找痛点，想出缓解疼痛感的办法。太多的创新尝试都忽略了这个事实。以新款发电 T 恤为例，目前正在测试的这个新产品，它能从身体吸收热量。穿上 T 恤，你可以把电子设备插在衬衫的插口处进行充电。是不是很酷呢？还有最新发明的牙齿感应器，当你的牙齿有太多细菌和牙渍时，它就会提醒你的牙医，是不是也很了不起呢？但这些真是我们需要和想要的解决方案吗？你真想把电子设备连在衣服上吗？“牙渍报警了！因为我没用牙线清洁！”多数人真的想急切地告诉牙医这些事情吗？

多数人难以始终保护自己的牙齿不是因为没注意牙渍累积的问题，而是因为懒得每天花时间用牙线清洁。我们想尽办法在这方面少浪费时间。新款牙齿感应器的确了不起，但其存在的前提是我们自愿跟牙医坦白我们没用牙线清洁。如果更多地关注那些没有始终用牙线清洁的人，钻研他们的需求就会带来完全不同的创新。

相比之下，麻省理工学院阿卜杜勒·拉蒂夫·贾米勒贫困行动实验室的埃瑟·迪弗洛（Esther Duflo）发现，如果针对印度家庭实行“给子女进行免疫就奖励 1 公斤扁豆”的政策，会极大提高疫苗接种率。迪弗洛的想法是有效的，因为这种想法的基础是，从相关家庭的角度考虑什么对他们最有意义。一袋扁豆可能看起来不是什么大事，但是会产生实实在在的影响。

宝洁公司的雷富礼（A. G. Lafley）为视角获取的运用提供了最好的示例。雷富礼坚持了解地方消费者的品位和兴趣。实际上，他每次在外国参观时都要求做两件事情：一件是拜访一位消费者的家庭，另一件是去商店检查。我曾与全球各地的宝洁公司高管有过交流，他们都强调了这两件事情对于雷富礼的重要性。他会与圣地亚哥的一对夫妇或伊斯坦布尔的妇女坐在一起，观察他们清洁的过程，询问他们希望在清洁过程中免去什么样的麻烦。他会穿梭于地方商店的货架中，询问工作人员相关问题，掌握他们实地了解的情况。他坚持认为这种近距离接触对于有效领导公司至关重要。

文化智力创新需要具备采用同事和用户视角的能力。这点不仅要求能理解每个个体的意见，还要求掌握整个特定文化群体的倾向、模式、动机和人际关系。虽然文化规范也有局限性，但是它们为了解用户可能存在的潜在动机提供了切入点。千禧一代希望获得即时反馈，德国人讲究效率，拉丁美洲人则注重大家庭观念；在设计满足这类群体的创新解决方案时，这些都是值得深入思考的主题。

奈飞颠覆百视达，忽视文化差异的巨大风险

有人认为文化差异越来越小并否定它与创新的关联，这种看法显然会对视

角获取产生负面影响。天天有人在我们耳边唠叨世界是平面的，而且越来越小。你可以在全球各大城市中心找到类似的时装店、餐厅和电影院。伊斯坦布尔的许多清真寺与北美市郊涌现的清真寺很类似。星巴克的外观和体验在圣保罗、北京和柏林并没什么大的不同。中国学生在北美留学，北美的学生也在中国学习。相隔 12 个时区的人在虚拟空间里坐在一起共同工作。如果进行一次全球调查，确实很容易得出全球更加类似而非不同。如果你旅程仅限于机场休息室或留在四星级连锁酒店与公司其他人交流，那么世界看起来就真的是出人意料的相似。就连那些你遇见的当地人都让你有宾至如归的感觉；为了向你这样的国际宾客提供良好服务，他们专门接受过培训。然而，一旦你远离这些地方，不论去哪儿，世界就会蓦然变得截然不同。

DRIVEN BY
DIFFERENCE 关键词

最小化（minimization）

米尔顿·贝内特博士提出了“最小化”的说法，针对的是忽略文化差异、关注相似之处的倾向。这是我们在面临信仰、偏好和价值观的冲突时，最常采用的解决方式之一。在一定程度上最小化确实有积极意义。

针对忽略文化差异、关注相似之处的倾向，米尔顿·贝内特（Milton Bennett）提出了“最小化”的说法。这是我们在面临信仰、偏好和价值观的冲突时，最常采用的解决方式之一。在一定程度上最小化确实有积极意义。这种主张没有把每个人分为“我们”或“他们”，或者把任何不同的事物称为“奇怪的”。强调我们存在共同之处是很好的一个起步点。我们的确有许多共同之处，而且不仅仅只有每天早晨起床、照顾子女、寻找生存方式和生活意义上相似。解决偏见的第一步就是将每个人看作是人类同胞。某些主张人权与和平的组织正是以彼此内在的共同点作为发展基础的。不过，我们不能停留在这个层面上。在我们仅关注共同点的时候，我们就无法看到那些源自不同点的重要发现。

有时候成功使我们对差异视而不见。成功可能使我们过分自信，认为我们的商业模式和产品可以满足各地消费者的需求和要求。2004 年，百视达这家音像租赁公司其市值还高达 60 亿美元，拥有 60% 利润率和 6 万名职员。6 年之后，该公司宣告破产。多年来，百视达的消费者都在抱怨其迅猛增长的滞纳金，并对新品发布后可选电影越来越少的问题感到非常不满。然而，百视达并没有重视这些抱怨,而是继续我行我素。与此同时,公司也清楚奈飞（Netflix）的政策，这家新兴的竞争公司不仅提供送货上门服务而且没有滞纳金。奈飞的利润率还不到百视达的一半，显然奈飞公司的视角根本就不值一提。百视达高管都自信地认为不论消费者说什么，他们都清楚消费者最终想要的是什么。百视达面临两个选择：第一个是创造突破性方法，但需要花费大量的成本，承担一定的风险；第二个则是继续经营现有的业务。《哈佛商业评论》报道称："不同视角的最温和应用就是，停下来思考对于奈飞而言世界是什么样的，或者对于百视达的消费者而言世界是什么样的。只有如此，他们才会发现他们的选择到底是开始击败竞争对手，还是走向破产。"百视达的确在最开始的几年迅速取得了成功。公司通过聘用那些维持已存在经营模式的管理人员来满足日渐增长的需求。百视达希望管理者的想法和做法与公司最高层的完全一致，这导致公司无力创新，最终走向灭亡。

视角获取要求愿意向差异倾斜，不仅仅是强调共同利益，而是要求了解从差异中可以学到什么。

全球化的宜家，绝不能在视角转换中迷失自己

最小化的另一端就是努力采纳他人的视角，结果在过程中迷失了自我。如果你过分强调追随他人的意见，你就可能会牺牲自身和所在团队的利益。这是我们在给军队长官培训文化智力时会讨论的一个问题。有效的军事任务要求理解对手思考和行为的方式，但是在某些点，如果你过度投入感情了解他们的视角，你可能就会丧失自己的看法。视角获取不完全等同于移情作用。视角获取是像你的潜在用户一样思考，而移情作用激发的则是更感性、心灵体会的反应。后者要求把自己置于对方的立场，实际感受对方的某些感情。显然有些时候移情是适当的，但是对于营造文化智力创新环境而言，视角获取比移情更适合。

丹尼尔·平克（Daniel Pink）在《全新销售》（To Sell is Human）中表示，视角获取有助于在完全忽略和完全移情之间构建微妙的平衡，从而使我们通过适当调整，从而找到对双方都有益的最佳方案。[①]

在一项实验中，研究人员模拟出售加油站的谈判。谈判双方都有意向，一方希望出售，一方希望购买。不过，就像在交易谈判中经常出现的情况一样，买方愿意支付的最高价格低于卖方愿意接受的最低价格。研究人员让一组实验者像对方一样思考问题，另一组想象对方的感觉，还有一个小组未收到任何指示。移情小组达成的交易比第三小组多，但是视角获取小组却是 3 组人员中表现最好的。“像对方那样思考问题”这种方法花费 76% 的时间达成了一个更好的交易，而且视角获取小组在没有牺牲任何一方利益的情况下让双方都产生更好的

① 丹尼尔·平克是著名未来学家、超级畅销书作家、趋势专家。美国前副总统阿尔·戈尔的首席演讲撰稿人。其著作《全新思维》《驱动力》《全新销售》简体中文版已由湛庐文化推出，分别由浙江人民出版社出版和中国人民大学出版社。——编者注

收益。

宜家在充分利用视角获取的优势的过程中，就保持了自身利益。公司初次涉足北美的例子完全可以当作文化智力创新的反面教材。宜家在美国首次开设门店时，为消费者提供的床都是以厘米计量的，而不是以特大床、大床、普通双人床或双层床表示的。买家把床买回家后才发现床单不配套,而且沙发太小，橱柜抽屉不够深，饮水玻璃杯不够大；很多产品都不适合在北美使用。宜家没能准确地理解美国消费者的具体情况。“美国消费者都要买花瓶用来喝水，玻璃杯太小了。”宜家北美地区前任主管戈兰·卡斯特德（Goran Carstedt）回忆道。后来，在他和其他同事努力下宜家顺利实现了转型。

好在宜家吸取了教训。公司越是朝全球发展，就越需要工作人员花费时间理解文化的差异。宜家在欧洲和北美的商店通常位于市郊。消费者会开车去买商品然后运回家。然而，在中国，宜家清楚多数人会采用公共交通工具前往商店，所以会在城市外围建立门店，通常会与铁路和地铁网络相连。另外，通过聘请人类学家与某些中国家庭共同生活一段时间，宜家发现多数家庭成员会坐在地板上，而沙发则会被当作靠背。宜家就利用这个发现考虑什么类型的创新产品最适合中国市场。

宜家在锁定北美地区的拉丁裔家庭时也采用了同样的视角获取方法。公司派遣设计师访问拉丁裔家庭，了解到拉丁裔家庭通常比其他北美家庭更大。因此，他们希望餐桌和沙发能更大一些，以便所有人都能坐在一起。宜家也了解到拉丁裔希望颜色的选择比宜家展厅里常见的标准中性色调更多。这种视角改变了公司为拉丁裔市场设计和展示家具的方式。

DRIVEN BY DIFFERENCE 案例

视角获取不等于移情，宜家的坚守以及改变

宜家首次在迪拜开业的时候，公司会在消费者分析的基础上教销售代表学会视角获取。销售代表以往接受的主要是针对西方消费者的培训，他们只负责递给消费者推车，让后者自行挑选。宜家这种自助的模式就是为他们而设。然而，为亚洲客户提供的服务就是销售代表推着推车跟在后面，帮他们拿取任何他们喜欢的东西。针对阿拉伯消费者则会提供两个推车，显示出对于阿拉伯消费者的尊重。他们足够富裕，只要他们想要，就负担得起。这种剖析如果不审慎使用的话可能相当危险。不过，宜家已经学会了在全球家具市场保持自助购物主要模式的同时，考虑不同市场的差异。虽然某些消费者坚持要买组装好的家具，但这点违背了宜家的核心经营策略，是宜家所不愿实行的。宜家已经懂得了明确消费者视角和在必要时进行调整的价值所在，而同时并没有丢失公司的核心价值定位和坚持。

视角伦理学，善良的动机才能保证持久成功

视角获取是个人行为。面对相同的信息，却得出完全相反的结论，这是由于双方视角存在差异。这一点会让人产生困惑以及相对主义，会出现不和谐和放纵的感觉。而且如果不负责任地使用，视角获取就可能变为操纵工具，随心所欲地使唤他人。

视角获取的最大挑战不在于我们如何处理完全错误的感官感受，而在于如何对待不同、合理的观点和经验，而这类观点和经验展示了整体的某个侧面。实现文化智力创新需要克服自己排斥异见者的对立态度，接受不同观点同样有效的可能性。

虽然表面上听起来挺容易的，但这是个人发展之中最容易迷失的一个方面，使两个似乎不同的观点相结合对所有人都是挑战。和许多人一样，我成长于一个相当封闭的环境之中。我家的社会关系网就围绕着那些与我们类似的人；我们与看起来差不多的人交往，分享我们的宗教信仰，坚定我们的政治立场，以我们自己的方式定义成功和失败。我们相信我们的方式就是看待世界唯一正确的方式。

在我年幼的时候，几乎从不与世界观不同的人来往。不同就意味着“错误”或者至少是“奇怪的”。我幼时的成长环境笼罩在很虔诚的宗教氛围中。不过，对于多数人而言都差不多，童年生活的中心往往是家庭和邻里亲朋。在多数情况下，这是开始生活和发展的一种健康方式。心理学家认为自我认知很重要，在能够欣赏世界和他人前理解和欣赏自我才是健康的。保护和照顾自己不仅是对的，而且也是理解世界如何运转的重要支点。

由于视角和经验的限制，多数人一开始对于世界的看法总是相当狭隘的。对于前几代的多数人而言，从出生、成长到死亡都很少遇见“陌生人”，后者拥有的世界观与自己成长环境所盛行的完全不同。不过，这点对于当代人而言却很困难。伊斯兰教徒与基督教徒比邻而居，

DRIVEN BY DIFFERENCE 关键词

螺旋动力学（spiral dynamics）

心理学教授克莱尔·格雷夫斯曾研究过成人意识的演变，他将其称为螺旋动力学。它能说明我们的世界观如何随着我们所面临环境和问题复杂性的变化而改变以及这种改变的原因。螺旋动力学提供了一种理解“多角度如何揭示真实情况”的方法。关于螺旋动力学，两个词语可以最好地表达其内涵，那就是：超越和包容。

部落逐步迁往城市，西方人和东方人一周 7 天、一天 24 小时都可以通过网络了解彼此的情况。当下的挑战就是我们如何去接纳不同的视角，在照顾自己的同时努力理解其他合理的世界观。这就是个人的行为。

目的不在于要求所有人放弃我们所处的社会团体和身份，我们也不应该假装自己没有合法的自我利益。不过，我们如何在尊重和照顾自己的同时扩大视角范围，照顾他人利益呢？只有极少数人在成长的过程中把这个问题处理得非常好，从而把一切都抛诸脑后，除此之外，多数人都会发现我们在成长中一直希望更开阔地接纳其他事物。心理学教授克莱尔·格雷夫斯（Clare Graves）曾研究过成人意识的演变，他将其称为螺旋动力学。它能说明随着我们所面临环境和问题复杂性的变化，我们的世界观如何改变以及这种改变的原因。螺旋动力学提供了一种理解“多角度如何揭示真实情况”的方法。关于螺旋动力学，两个词语可以最好地表达其内涵，那就是：超越和包容。我们希望在不完全摈弃现有视角的同时超越它。在我们通过了解他人视角来扩大视野范围时，我们很少会完全放弃先前关于世界的信仰和想法；我们会超越这类观点，再去包容其他观点。这种超越和包容的能力是文化智力创新过程的一个重要环节，贯穿于整本书的叙述。

责任意识

个人行为意味着我们在选取视角时要有责任意识。某些领导者仅仅是为了预测对手走向而运用视角获取策略，而不是被利他主义或是超越所驱动。他们就像是询问你私人问题的电话销售员一样，得手之后就会调转方向，利用你所共享的信息向你推销某些东西。如果你可以判断驱动他人的动机，那就抢到了先手。显然，与视角获取相关的文化智力方法必须由超越行为所驱动，这样才能照顾个人和他人的双方利益。

美国哥伦比亚大学社会心理学家亚当·加林斯基（Adam Galinsky）发现采用视角获取的谈判人员更可能使用肮脏的手段，采取不道德的行为。商业谈判通常会产生一种威胁感，而加林斯基发现如果不负责任地使用视角获取策略，就可能导致谈判人员不恰当地关注另一方使用不法计划的可能性，从而先于对方进行欺骗和耍手段。**他表示："在你处于愤怒状态下，考虑他人的想法只会强化敌对状态。这显然不符合视角获取联系双方的初衷。"负责任的使用视角获取就是明白在情绪高涨时的风险。**

利用视角获取的力量将使你了解自己可能错过的事物，从而研发出直击人们痛点的新方案。不过，必须具备责任意识，适当地运用他人视角才能充分发挥其内在的力量。

视角分享与视角获取

某些研究表明，主流文化比弱势文化可以从视角获取中获益更多。弱势文化通常会自动考虑主流视角。举例而言，多数职员会揣摩领导的心思。下属的待遇一般都由领导决定，因此员工经常会想搞清楚上司在思考的内容。那么谁又来告诉上司每位员工的想法呢？谁又有胆量告诉上司其笑话听起来很蠢呢？掌权者通常更难准确地捕捉他人的视角。这点也同样适用于不太主流的文化。卡塔尔地区的外籍工作人员很清楚当地人的视角，但是当地人就不太了解外籍人员的视角。美国的墨西哥移民也会有同样的情况。一项研究发现美国白种人从了解墨西哥移民的观点中获益良多。他们会看到从未考虑过的事情。然而，墨西哥移民在听取美国白种人的观点时却没有同样积极的体验，实际反而会导致他们对待白种人的态度更加恶劣。弱势群体通过视角分享获得的收益比从视角获取中获得的收益更多。换而言之，当主流群体愿意倾听时，非主流群体成员就该充分描述个人经历。埃米尔·布鲁诺（Emile Bruneau）是这方面的研究者之一，他表示：“非主流群体表示出强烈的愿望希望被听取，或者用他们的话来说，希望向掌权者说出事实。”

如果视角获取只不过是为了剥削其他人，那么就不会引向文化智力创新，虽然可能会给你带来某些短期利益，但是真正的创新过程需要努力理解他人的视角，为我们自己、团队和消费者，甚至为整个世界，想出更好的解决方案。

顺利获取他人视角的4种方法

对于多样性极高的团队而言，视角获取能更充分全面地利用所得到的信息。拥有不同信息来源、知识背景和视角的人通常彼此是相互独立的，不论划分“我们”与“他们”的标准是职能角度的还是心理学角度的，都是如此。不过，的确有些方法可以帮助你将视角获取变为创新过程的常规步骤。

方法1，观察

多数创新者都是细心的观察者。他们在不同环境中观察人们，了解其他人是如何解决问题的。他们积极主动地观察人们在使用产品时的情况。他们观察真实情况下的人们。他们寻找惊喜，不停地重复人类学家进入新社会的咒语：“嗯……我想知道为什么这样！”

观察最好是近距离的，而不是简单地阅读市场趋势报告。在一项关于产品创新的报告中，研究者发现销售人员和研发人员根本没有听取彼此的意见。研发人员没有接受销售人员所说的市场需求；即便他们阅读过详细全面的记录，其上已详细说明新的和改良产品所需的所有特征。然而，在研发人员真正与消费者接触并听取他们反映的需求和问题时，好像突然所有事都对他们有意义了。

在你观察的时候，要不停地思考，模式的具体情况如何？为什么是这种模式？尽可能地多注意周边事物，特别是疑惑的事情。首先学会观察，然后再解读和解释。

在适当使用的情况下，国际商务之旅可以帮你超越个人的先入之见，这也是观察他人角度的最佳方式之一。你必须同时注意观察商业和非商业的情况。派遣人员前往消费者家中观察产品的使用情况，可以发现当前产品不具备的功能需求。在你出差的时候，对比中国（粥配皮蛋）、墨西哥（煎蛋卷配玉米黑粉菌）、巴基斯坦（羊汤）或是韩国（泡菜）不同类型的“正常”早餐，你会明白对于哪怕是早晨吃饭这种简单的事情都会有完全不同的观点。观察会让你更好地了解我们的天性，那就是能自由地酌情做出选择。另一方面，这也是一种改变个人观点、了解替代性方法的有效方式。注意到不同早餐这种简单的事情，可能会改变你批准的全球广告活动或是你所做的演示。

方法2，聆听

视角选取同样也取决于积极主动的聆听技巧。这是观察的自然补充，但不是自动的。有效聆听意味着有意识地听取消费者的痛点和欲望。利用其分享将会对你推进创新过程有所启发。下面就是某些让你更好地了解聆听的问题：

- 消费者如何订购你的产品？是否有更加便捷、成本更低的方式？
- 他们怎么收货？
- 他们有什么样的不满？

在不少文化中，你不可能直截了当地问这些问题。通过创意你才能获取这类真实的信息。如果你想要了解某人关于争议问题的意见，但她来自规避冲突的文化环境，那么她会优先考虑如何保住名声。这个时候，你需要问其所在群体的多数人对于某事的看法，而不是直接问她自己的看法。

英国超市巨头乐购将听取韩国消费者的意见作为了解如何增加韩国市场份额的方式。聆听使得乐购的决策层发现花时间去杂货店购物会使韩国民众本已繁忙的生活更具压力。于是乐购决定为购物者提供新服务，不过并不是传统的网络/送货上门的方式。乐购将产品的全规格图片展示在首尔各大地铁站里。利用智能手机、二维码和信用卡，人们就可以边等地铁边购物。消费者在地铁站台上订购产品，而乐购会直接送货上门。这一新举措相当受消费者的欢迎。通过简单地聆听不同消费者群体的主要问题，乐购极大地提升了自己的销量。

摩根·弗里德曼（Morgan Friedman）通过聆听纽约市各处的声音取得了事业的成功，他表示扩大个人视角的最好方式之一就是更好地聆听周围人群的观点。弗里德曼自己相当钟情于这种打发时间的方式，而且他建有完整的网站www.overheardinnewyork.com，人们在此可以分享他们在纽约无意听取的事情，例如：

一个打电话的人说：“你问我怎么样，我跟你说了之后你又想起这些事情，你总是这样。”

一个男人气乎乎地对同伴说：“那些游客就在纽约时报大楼附近停下来……他们的导游指着大楼说道，大家注意，那就是归零地。”（实际上“归零地”指的是世贸大厦旧址，大概距此10公里远。）

通过听取周围的对话，你能更好地了解人类行为和人类如何简单思考。聆听人们说了哪些，没说哪些。注意人们觉得有趣的和抱怨的事情。跟年长者交流，他们会回忆很多事情，不少人可能历经过完全不同的时代，从送冰人每周送一次货的时代到在地铁站台就可以轻松订货的时代。问问从儿童时期到现在他们的日常生活中最大的变化是什么，尽可能地了解细节情况。年轻人还未老去，但是老人却曾年轻过。聆听、了解他们的观点，你会受益良多。

方法3，模拟用户体验

如果你无法像宝洁的雷富礼一样坐在消费者的家里做实际交流，也有其他的方式可以让你了解不同消费者的观点。在借鉴亚马逊的“空椅”策略时，我们可以指派某人采用特定人群的视角，在会议上进行角色扮演（如同他自己就是来自这个文化背景的一样）。

扎克伯格发现弗兰克·盖里（Frank Gehry）设计的新Facebook基地与多数Facebook用户登录查看网页新闻的世界是完全隔离的。他表示：“你在Facebook工作的时候，不太容易会与全世界的多数人产生移情作用。”为了解决这个问题，Facebook工程师模拟了印度乡村用户的使用体验。他们使用陈旧的低端翻盖手机，落后的通信网络，而工程师必须证明自己的编码工作对此也同样有效。实际上，扎克伯格没有让Facebook的工作人员将这类电话和网络称为“低端”，因为他希望员工可以了解这些不是低端电话，而是多数用户常用的电话。因此，寻找模拟消费者或潜在用户不同体验的方式吧。

方法4，检查准确度

人们是否检查他们的假设是我们评估文化智力的重要事项之一。搞错了某人的角度就会产生破坏性影响，而且可能比一开始就从未运用任何其他视角更为糟糕。视角获取取决于你准确考虑他人视角的能力。如果你没有真实了解贫穷、痛苦以及在公司底层的感觉，或是你从未将石油作为主要的收入来源，那么设身处地地考虑他人视角就不会改进你的创新，甚至可能使情况变得更加糟糕。如果你对于对方的视角有所误解，那么考虑那个视角就会使问题更加糟糕。

不妨了解一下掌握指尖无穷信息的影响。不少人坚信自己愿意相信的东西，认为没必要去进行更多的验证，即便他们坚信的事情早已被证明是错的。资深记者埃文·托马斯（Evan Thomas）写道："现在你远房表亲在电邮里写的传闻都可能会登上《纽约时报》。"

要谨防证实性偏差（confirmation bias），它意味着你总是只寻找那些能支持自己观点的证据。上一次的新信息使你惊叹，进而改变你的想法是什么时候？如果你无法想起准确的时间，你可能就会有证实性偏差的问题。证实性偏差总是在你解读某件模糊的事情或逸事时出现，自动进一步地支持了你本已有的观点。这是国际差异为什么不会自动引向更高层次文化智力的原因。某些差旅者不过是从一个地方前往另一个地方，寻找能证实他们的先入之见的证据。你几乎总是可以找到某些能证明个人观点的事情，不论它是否适用于整个文化。

你如何知道某事是否代表文化常态或你是否遇到了特殊的视角？下面就是你可以做的某些事情：

这个视角如何与文化常态的调查结果进行对比？

- 了解吉尔特·霍夫斯塔德（Geert Hofstede）关于不同民族文化常态的工作（http://geert-hofstede.com/cultural-dimensions.html）
- 了解全球十大文化集群的普通文化价值观剖析，参见本人的著作《扩展你的边界》（*Expand Your Boarders*）
- 审核全球领导力的研究结果，参见豪斯、汉格斯、贾维斯、杜夫斯曼和古普塔编辑的《文化、领导力和组织》（*Culture, Leadership and Organization*）

关于这个角度以及行为的其他可能的解释是什么？

- 个性
- 环境
- 组织因素
- 权力博弈

那么对该文化很精通的人会怎样看待这种情况?

DRIVEN BY DIFFERENCE

小结

在你理解他人的视角时，你会获得关于动机的全新理解。正因为这一点，视角获取是任何良好关系的基石。你不会再想什么将会使其他人觉得被理解，而这就是文化智力创新的核心。在那些能提出和执行更具创意的想法的不同团队中，视角获取经证明是反复出现的变量之一。

令人遗憾的是，太多的组织和领导者都存在潜藏的思维模式："当我想到你的意见时，我就会满足你。"假设自己清楚用户想要的东西，这对于任何创新团队而言都是一件危险的事情。当用户拥有不同的文化背景时，这种情况更为突出。

爱默生写道："除了人们整天思考的东西外，什么是生活？"利用空椅策略和团队不同视角来理解人们在想什么，他们希望克服的痛点是什么。然后，你就会顺利地营造出能催生更好解决方案的创新环境

视角获取的力量

不要假设你所想要的就是其他人想要的。了解不同文化背景的同事和用户的视角，以研发出更新、更有用的产品和服务。

环境评估			
	不自信	有点自信	相当自信
我是否自信地认为自己可以理解用户的不同角度。			

THE POWER OF FOCUS

03

在90分钟内搞定问题

专注的力量

阅读地图

DRIVEN BY DIFFERENCE

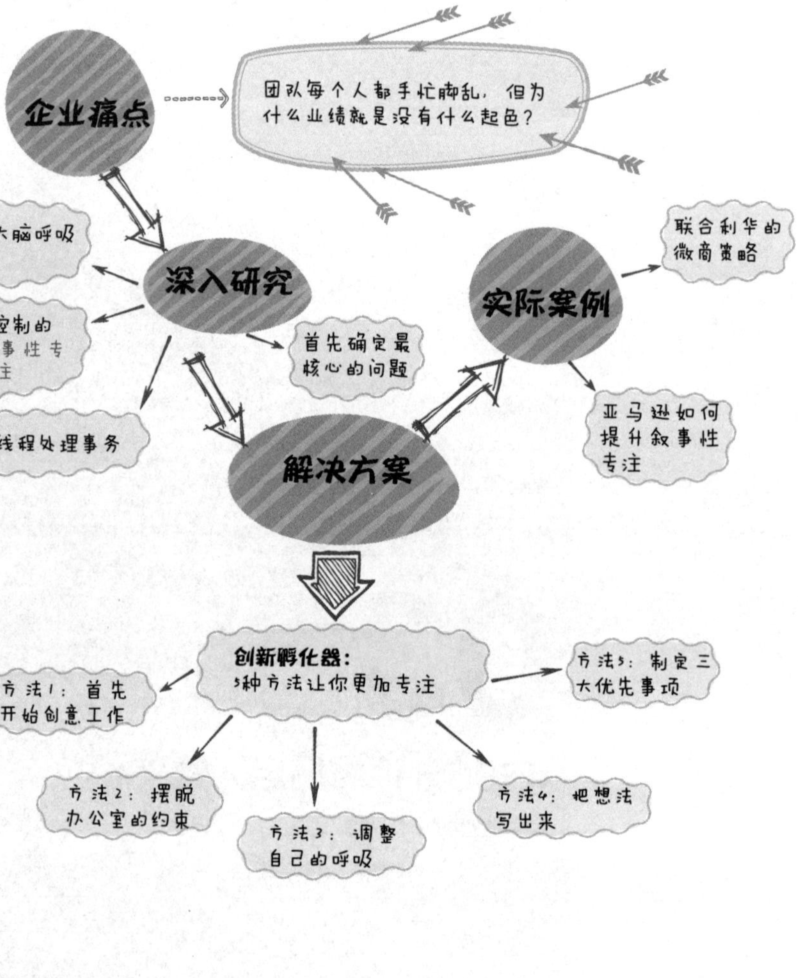

注意力分散是创新最大的“拦路虎”。你的团队在地域上越是分散，就越有可能无法保持专注。从管理无数的宗教和国家节假日到召集全天候的虚拟团队会议，技术的中断、无处不在的脉冲信号以及多任务模式都是文化智力创新的敌人。因此，学习如何专注是绝对重要的事情。有多样化团队需要懂得自我控制，其每位成员都应该全面了解大脑功能，学习如何运用控制技术。首先我们必须以每次90分钟来分段处理任务，这是从事创意工作的最理想的时间。

美国麻省理工学院教授戴维·福斯特（David Foster）和马修·威尔逊（Matthew Wilson）花费大量时间研究了人休息后的专注情况。在一项实验中，他们研究了在小鼠穿过迷宫时其脑内的情况。这两个人特别注意了海马组织的活动，该组织主要负责鼠类、灵长类和人类的学习和记忆。某些鼠类会在穿过迷宫后经过一段冷静的放松时期，而其他鼠类则会持续不停地穿行。有机会放松的小鼠比不停前行的小鼠表现出更好的学习和大脑模拟情况。这一结果与其他研究人员的发现可以相互证实。创造力和生产力多久需要一次放松，这与专注的持续时间密切相关。

不相信鼠类大脑的相关研究结果？别担心，不少其他研究也证实了专注在推动创新方面的作用。这正是我们在本章想要解决的问题，团队多样性既可能成为分散注意力，也可能成为集中注意力的主要催化剂，这取决于如何进行管理。

棉花糖实验，自控源自注意力转移

专注首先要求自我控制，而自我控制又要求专注。这是一种共生的关系，需要耐心。耐心对我们而言并不容易，特别是在当今紧密互连、崇尚即时满足的主流文化中更是如此。谷歌曾将搜索结果的反馈速度放慢了十分之四秒，以此来观察我们的搜索行为会发生什么变化。电子邮件如果没有在 24 小时内得到回复，就会被视为无回复。《今日美国》的一项研究发现，多数美国人如果要排队等候的时间超过 15 分钟，他们就会放弃。

颇具讽刺意味的是，不少部落文化甚至没有词语来形容“厌倦”。是否准时是文化差异讨论中经常涉及的一个话题，比方说 9 点是否真的代表 9 点。不过，预期的冲突才是急需解决的棘手问题。比如，关于某事如何快速完成，以及“迅速解决”或需要“花费一段时间”的意义。此外，在多样性的环境中没有耐心就不会产生完美的配合。与不同文化的人和项目合作不可避免地会花费更多的时间、精力和耐心。然而，是否可以培养耐心和自我控制呢？或者我们的基因之中是否就有这方面的天赋？我们的文化背景是否会影响我们的耐心？是的，当然！

沃尔特·米歇尔（Walter Mischel）最为著名的就是 20 世纪 60 年代在斯

坦福大学校区的幼儿园进行的棉花糖实验。[①]在实验中，他会给孩子们提供一个选择，是即刻奖励（一个棉花糖）或等待15分钟获得更大的奖励（两个棉花糖）。他发现可以等待获得更大奖励的孩子在青少年和成年后表现得比那些要即刻奖励的孩子更好。不过，在这项实验前，米歇尔就早已在特立尼达岛开始了耐心与自我控制之间的关联研究。他想要了解特立尼达岛的非洲裔和印度裔儿童之间在冲动控制能力方面存在的差异。与棉花糖实验类似，儿童会面临一个简单的选择：他们可以即刻得到一个糖果条或是等几天得到一个更大的。米歇尔预测，儿童的文化背景可能会影响他们的选择，但实际并没有。两种文化之中都有些孩子等待了几天而有些没有。不过，儿童的成长环境的确对他们的决定发挥着重要的影响。比方说，无论哪种文化，如果孩子与父亲生活在一起会比那些家里没有父亲的孩子更有耐心。显然，根据文化本身难以预测儿童是否有耐心等待更大的糖果条。

米歇尔进行的棉花糖实验让他闻名遐迩。多数关于这个实验的讨论都集中于他的一个结论上："愿意等待的孩子最后更加成功。"然而，进一步观察表明，所有孩子都期盼获得更多的奖励。那么，到底是什么造成了自我控制的差异呢？米歇尔通过不同实验获得了大量数据组，他从中发现懂自我控制策略的儿童能更好地推迟享乐。"4岁孩子的有趣之处在于他们刚明白思考的规则，"米歇尔说道，"不会延迟的孩子通常采用了逆向规则，他们认为抵抗棉花糖诱惑的最好方式就是与其做斗争。他们紧盯着，严密关注着目标。实际这个想法糟透了，如果你这么做，你就会在我离开屋子前吃掉棉花糖。"

米歇尔得出的结论就是等待的孩子知道如何转移注意力，去关注其他事情，

① 沃尔特·米歇尔是美国著名人格心理学家，在人格的结构、过程和发展以及自我控制等领域的研究十分著名。其《棉花糖实验》一书简体中文版已由湛庐文化推出，北京联合出版公司出版。——编者注

而不是沉迷于棉花糖或糖果条。能自我控制的孩子通过蒙住眼睛、假装在桌子下玩捉迷藏游戏或唱儿歌等方式分散自己的注意力。他们的欲望是不会被打败，只不过是被自己忘记了而已。“如果你不停地想着棉花糖，想着多好吃，那你肯定会急不可耐地吃掉，”米歇尔说道，“关键就在于首先要避免时刻想着。”

这种本事是从父母身上学到的还是天生的呢？米歇尔表示：“尝试将先天与后天分开就和将个性与环境区分开来一样，毫无意义，因为这两种影响总是相互关联的。”不过，决定性的证据就是，任何人都可以通过学会如何专注来变得更有耐心。大脑是相当强大的工具。

自我控制、耐心和专注可以教给任何人，但不能过度。首先就从 90 分钟分段开始，不允许任何中断。中断将会耗费你 20 分钟才能恢复。随后就是改变任务。这点对于集体协调工作也同样适用。你的团队可以持续 90 分钟共同专注于某个问题，然后所有人都需要休息一段时间。最理想的休息就是真正意义上的休息；不是去检查邮件和回复电话，而是去外面散步 10 分钟、安静地坐着喝杯咖啡或者随意地与同事交流。颇具讽刺意味的是，某些对我们而言是享受和有益的事情却难以真正地实行。不过，这项纪律值得一试。正如古非洲谚语所言：“如果你想要走得快，就一个人走。如果你想要走得远，就一起走。”要想使专注真正地对多样化团队开发全新的解决方案发挥作用，首先必须学会自我控制；而自我控制通常就是简单地将注意力从容易让我们分心的事物上转移开。

叙事性和经验性，专注的两种模式

懂得如何管理大脑是利用专注的另一项关键素质。**克里斯坦森携手杰夫·戴尔（Jeff Dyer）和赫尔·葛瑞格森（Hal Gregersen）描述了突破性创新者的五大常见技能：联想、质疑、观察、联系和实验。所有上述技能都要**

求专注。**联想就是懂得如何连点成线。**现实的创新者会同意克里斯坦森及其同事的观点。乔布斯表示："创意是联系任何事。"而理查德·布兰森（Richard Branson）也曾表示："始终都不要忘了连点成线。"

某些人似乎会观察任何事情，然后即刻就开始连点成线。我们可以通过管理大脑的专注能力来提升创新所需的技能。心理学家诺曼·法尔布（Norman Farb）将专注分为两类：叙事性专注和经验性专注。两类都很重要。根据个人的性格和文化背景，你可能强调某一类优于另一类。如果你在读一本与拙著类似的书，你就可能预先使大脑变为了叙事性专注。叙事性专注是观察世界的理性、冷静的方式。通常我们先观察某事，再预测事情的进展，最后解读事情的内涵。个体之所以能连接成人类，叙事性专注构成了自然基础。它主要利用大脑和记忆区域的内侧额叶前皮质，例如海马组织。之所以称为"叙事性"，是因为正是这部分脑结构将我们观察世界的故事连在了一起。它是我大脑中的网络，我们的规划、白日梦和反思均与此有关。

> DRIVEN BY DIFFERENCE 关键词
>
> **叙事性专注（narrative focus）**
>
> 叙事性专注是观察世界的理性、说教方式。通常我们先观察某事，再预测事情的进展，最后解读事情的内涵。个体之所以能连接成人类，叙事性专注构成了自然基础。它主要利用大脑和记忆区域的内侧额叶前皮质，例如海马组织。之所以称为"叙事性"，是因为正是这部分脑结构将我们观察世界的故事连在了一起。它是我大脑中的网络，我们的规划、白日梦和反思均与此有关。

我会自然而然地在大脑中默认叙事性专注。我几乎每天都会分类记录，定期进行SWOT（优势、劣势、机会、威胁）分析，而且我也在不停地反思某些事情的意义以及其更广阔的内涵。在从叙事性专注的角度解读时，我们会注意到某些事情，而且会即刻想到它是如何与我们及个人世界观联系在一起的。有一天我和女儿格蕾丝在屋前冰封的湖边滑行时，我就曾思考过这点（这进一步证明了我是如何迅速地默认叙事性专注的）。我们等了好几周，直到湖面完全结冰，可以安全地在上面行走。我们立刻变得兴奋起来，天气好的时候就直接从湖面上穿到对面买东西。然而，当我们共同滑行时，我就开始在想她会很快长大，而我必须尽可能地利用她还留在家里的时光。这让我又想到自己是否能攒够钱供她读大学。紧接着我又开始想每年二月在湖上举行的风筝节以及下个月的一次演讲，现在就必须开始着手准备了。最后我沉浸在自己的思考中，直到格蕾丝抓着我的胳膊说："爸爸！你听到我刚刚说的了吗？"

我的意识处于叙事性专注模式，而她可以分辨出我当时不在听她说话。我经常暗自思索，情不自禁地分类记录，针对环境迅速做出反应，这些对文化智力而言都是真正的财富。它们是非常宝贵的组成部分。不过，如果我们不够谨慎，实际这些也可能变为与他人合作创新的障碍。不论是穿行于冰冻湖面的有趣之行，还是与其他文化背景的人共同合作，都是如此。

专注的另一种形式就是经验性专注，偶尔也会描述为直接经验。这是体验世界的一种方式，不涉及特意去思考过去、未来或具体内涵的过程。相反，当刺激作用于我的感官系统时，它不过是简单的应对活动而已。正如家养宠物的表现一样，即时对于刺激做出反应，几乎不牵扯更深层次的意识。神经学家发现在经验性专注中，不少大脑区域都变得更加活跃，包括岛叶（与理解身体感官相关的区域）和前扣带皮质（转移注意力的核心区域）。

在你激活个人的经验性专注时，你就无法特意去思考过去或未来，思考其他人及其想法。实际上，你根本没有太多的思考。你不过是在实时体验感官系统传递的信息和事件。

对于我而言，这可能意味着与格蕾丝滑行在冰面上，感觉上方的温暖阳光和下方的冷涩空气。我在有意识地享受与女儿在一起的自由自在的时刻，听她大笑，听她那些关于天鹅如何过冬的问题……这些抑制了那些会分散注意力的深层思维活动。利用经验性关注需要不进入个人叙事的深层内部世界，而更关注眼前时刻。这是某些人所谓的完全“在场”。在我明白如何激活大脑的经验性专注后，我可以有意识地不去想我需要为即将到来的演讲做什么准备。

DRIVEN BY DIFFERENCE 关键词

经验性专注（experiential focus）

专注的另一种形式就是经验性专注，偶尔也会描述为直接经验。这是体验世界的一种方式，不涉及特意去思考过去、未来或具体内涵的过程。相反，当刺激作用于我的感官系统时，它不过是简单的应对活动而已。正如家养宠物的表现一样，即时对于刺激做出反应，几乎不牵扯更深层次的意识。神经学家发现在经验性专注中，不少大脑区域都变得更加活跃，包括岛叶（与理解身体感官相关的区域）和前扣带皮质（转移注意力的核心区域）。

大脑在意识表层下运转得更快。在还没有告诉我们原因的情况下，它就迅速地得出了结论。不论我们在何时首次与某人见面、为工作进行面试或是面临快速决定的压力，我们都需要利用大脑的经验性专注。我们的经验性专注也具有强大的力量，它可以产生新想法，开阔个人视野，提升多样化团队成员的合作能力，进而驱动创新。我们需要接受的一个现实就是，我们的瞬时判断可能比通过理性决定的选择更好。不过，在其他情况下，我们的瞬时判断可能会妨碍叙事性专注对问题的预见。

随着我们更加了解叙事性和经验性这两种专注模式，我们可以有意识地选择最适合的大脑回路以适应具体任务和环境（参见表格 3-1）。法尔布发现人们越是注意两种不同的思考方法，就越容易在两者之间进行转换。叙事性专注适合组织、计划和开发目标，是帮助我们质疑假设，检查个人与他人视角差异的手段。因此，我多年来一直在强调该思考方式是发展文化智力的重要组成部分。它是创新的基本推动力量，因为视角获取、纪律性思考和执行需要叙事性专注的反思性特质。经验性专注会帮助我们更进一步了解事件的真实情况，听取周边对话，观察正在发生的事情。这类专注会使我们能抓住很可能错过的线索，因为这有助于我们了解更多关于周围发生事情的信息，最大化我们的动力和视角去与背景不同的团队成员讨论新创意。这使我们更少地被自己的预期和假设所囚禁，能够更加主动地适时回应其他事件和他人的想法。

表 3-1　叙事性与经验性专注

	叙事性专注	经验性专注
定义	从更大范围的体验和理解角度关注某事的内涵（沉思）	关注当下发生的事情，利用所有感官进行体验（避免沉思）
任务	反思与质疑 连点成线 战略性规划 执行计划 理想状态：执行	观察 头脑风暴 建立信任 实验 理想状态：构思
方式	书写——最好采用书面形式 描述经历；以细节证明 探索更深层的含义 转移学习	调解与留心 呼吸 自然行走 关注个人的身体 长时间泡澡

利用多样性可以使团队成员之间相互学习两种思考方式的长处。内向的人普遍被认为会比外向的人更快地转向叙事性专注，而外向的人更容易激活经验性专注。你也需要考虑单元文化与多元文化的差异。单元文化多数通常出现在

西方世界中，都是线性处理任务的，而且更加注重一次仅处理一个想法。这类文化都相当适合叙事性专注。多元文化通常出现在世界其他地方，拥有这类文化背景的人们通常能更灵活地对事件和想法做出反应。这与经验性专注类似。当一个团队中存在这两种思维方式时，很容易导致严重的挫败感。不过如果合理地加以运用，就可以教会彼此如何更好地激活不太常用的大脑回路。当你单独和集体地提升认识控制时，你甚至可以特意要求针对某一任务使用自己擅长的专注方式，这无疑将使你更有能力控制个人的行为、表达和产出。

单线程，一次只处理一个任务

不少人想到自己可以一次解决多项任务就觉得自豪，但是在多数情况下，没人可以做到这点。而且例外的情况很少。我们可以边走边嚼口香糖。我们可以去电影院边看电影边吃爆米花，同时感受紧张的剧情。不过，如果观看译制电影或附有字幕的电影，你可能就不会那么轻松了。要是旁边还有嗷嗷大哭的婴儿，你就更无法集中精力了。

在我们尝试利用大脑的同一部分完成两项任务时，就会出现真正的问题。在你参加电话会议时尝试写邮件，必然会分神。**你可能会觉得你在完成两个任务，但实际上是在两个任务中来回切换。缺乏专注实际会让你的生产效率降低。某些研究表明缺乏专注会让你的智力降低，你同时尝试做的事情越多就降低的越多；这会严重影响生产力。**威妮弗雷德·加拉赫（Winifred Gallagher）曾出版多部关于专注方面的著作，她表示："如果你的思想列车哪怕只是中断一秒，也必须掉头说，我这是到哪儿了？每次你重新在记忆中添加任何东西都会出现重启成本。多任务行为需要付出代价，人们并没有自己想象得那么好。"

技术使我们比以往更难以专注。然而，你的机器并不是专注的主宰，你才是。如果机器会让你分心，那就把它关掉。不要为技术的诱惑感到羞愧或不甚在意、认为是不可避免的。你可以负责任地采取多种措施利用技术的力量帮助你集中注意力。将更多精力放在创新之上，你就可以从周边不同角度获益。比方说，审慎编写的 Twitter 图文可能会为你收集关键性的信息、发现结果和不同角度，注意纳入可以提供同一事件不同解读的新闻来源。不同的 Twitter 网络会让你接触到你本不知道的人和观点，进而帮助你产生更好的想法。

妥善设置的在线日历可以作为数字助理，在到 90 分钟的时候就提醒你，保证你不会错过截止时间。此外，有效的众包会让你有机会在数小时内获得全球关于新想法的不同意见。在妥善使用的情况下，个人技术助理可以激发所有类型的创意思考。

DRIVEN BY
DIFFERENCE 创新小贴士

让你摆脱技术控制的8个策略

- 设置具体时间查阅邮件。
- 删除推送通知，保证不会被干扰。
- 在90分钟内设置手机为“免扰”模式。多数文字信息会在收到的3分钟内阅读，然而这其实没有必要。
- 花时间洗个澡、散散步以激活大脑的经验性回路。这些都是远离工作和技术、自由联想的好机会。
- 利用互联网不同资源的力量，激发想象力；然后关闭电子设备，利用纸笔进行思考、书写或绘图明确表面背后的真实。
- 在纸上写下创意性想法。
- 坚持在团队会议中关闭所有技术干扰。
- 坚持一个星期不使用技术，看看对于你的专注力有何影响。

放松一段时间之后，你可以重新与全球不同地方的在线同事分享创意想法，获得他们不同的见解和角度。虽然这类任务都不难，但是绝对需要自我控制和自觉努力。

颠覆性思考，花更多时间寻找问题而不是解答问题

爱因斯坦说过："如果我有一个小时去解决问题，而且解决方案涉及个人生命，那么我会花费前面 55 分钟决定适当的问题。一旦我知道适当的问题，就可以在 5 分钟内解决问题。"专注对于寻找问题至关重要。清晰地分辨和说明问题是创新过程的关键一步。不清晰的解决方案肯定是因为问题不清晰。很多创新尝试在没厘清问题的情况下，就开始着手明确和描述解决方案。在乔布斯计划推出 iPod 时，他确定的问题是："如何将 1 000 首歌放在口袋里。"问题相当明确，那就是为人们提供随身携带音乐的新选择。不少管理实践注重的是解决问题，然而趋势专家丹尼尔·平克却表示，当前需要关注的重点领域应该是寻找问题。在信息时代，如果我清楚自己面临的问题，就可能找到解决方案。虽然互联网上不乏各种资源和信息，但是如果我甚至不清楚自己的问题，那我首先就需要找到问

DRIVEN BY DIFFERENCE 关键词

待解决工作理论
（"job to be done" theory）

如果某问题让个人或组织备受煎熬，那么解决该问题的新服务和产品就非常宝贵。你如何帮助来自完全不同文化背景的人摆脱困惑？回答这个问题需要集中反思和思考，最好是由不同文化背景的个人共同思考。克里斯坦森称之为"待解决工作"理论。

题。不过，这需要耐心、专注和缜密的思考。

如果某问题让个人或组织备受煎熬，那么解决该问题的新服务和新产品就非常宝贵。你如何帮助来自完全不同文化背景的人摆脱困惑？回答这个问题需要集中反思和思考，最好是由不同文化背景的个人共同思考。克里斯坦森称之为“待解决工作”理论。他对花太多时间研究特殊的人口分区嗤之以鼻，反而强调我们需要专注于为用户提供有益的服务或产品。他写道：“促使我们购买产品的机制就是，我有项工作需要完成，而产品对我完成工作有帮助。”

DRIVEN BY DIFFERENCE 案例

专注于明确问题，联合利华的微商策略

联合利华印度子公司曾尝试找到一个办法，提升整个印度市场的增长率。印度联合利华的多数竞争对手和商业期刊都强调印度各大都市正在经历无止境的增长，强化那里的营销动作，就能吸引城市中心的消费者购买更多的产品和服务。不过，印度联合利华却发现了完全不同的机会：数百万居住在城市中心外的潜在消费者无人问津。公司明确了需要解决的核心问题：你如何在不触及传统经销网络、广告或基础设施的情况下在小村庄里销售产品？印度联合利华对此问题的关注推动了直销方式的发展，如公司携手非政府组织、银行和该国政府招募印度农村地区的妇女作为肥皂和洗发精的直销员。公司为妇女提供微商方面的集中培训，截至2009年，有4.5万名妇女在印度农村地区销售联合利华的产品。多样化团队提出的创新需要后退一步，专注于明确问题本身。

DRIVEN BY DIFFERENCE 创新小贴士

团队如何寻找问题

那么专注于寻找问题是什么样的体验呢？为了明确问题，就需要关注痛点。随后尽可能地多提问题。围绕痛点至少写下50个问题。比方说：是什么？导致的原因？为什么？为什么不？如果……会怎么样？

如果你们是整个团队的话，那么不妨遵照下列指导规则：

- 请一个人写下所有问题，以便每个人都能看见，思考需要问什么问题。
- 在写下前一个问题前不能提出新问题。
- 在提问前禁止过多修辞或铺垫。仅提问就好。

先别着急回答问题。目前，要点就是专注于问题。利用团队的不同角度在尽可能大的范围内了解问题。

回答是创新者的一种生活方式。克里斯坦森和他的助理戴尔及葛瑞格森发现，创新者不仅会比非创新者提出更多的问题，而且这些问题还更具前瞻性。不过你必须谨慎地把握提问的艺术。注重面子、推崇和谐以及尊重权威之类的文化价值观通常会导致某些团队成员不愿提问，或觉得自己被那些主动提问的人所冒犯。不想出洋相、避免任何被看作是不配合或难相处之人，诸如此类的建议也同样会使某些人打消提问的念头。因此，你必须在思考利用文化智力时满足这个要求。清楚说明提问目的是为了加强注意力和寻找问题，而不是“恐吓”任何人。我们将在第 7 章再次详细介绍某些具体方法，以帮助人们大胆地表达意见、提问以及提供方案。千万不要被那些麻烦吓住，从而抛弃寻找问题的正确想法。

关注这样的问题，它能帮你发现其他被忽视的问题。比方说：

- 如果我们目前的消费者其可支配收入缩减50%，那么我们的产品或服务需要如何改变?
- 如果不可能空运，我们该如何改变经营的方式?

花时间清楚地描述问题，利用团队多样性从不同角度看待问题。创新解决方案的明确性直接与是否理解了问题相关。正如爱因斯坦所说：“问题的构成通常比解决方案更为关键。”

5种方法让你更加专注

花时间保持专注非常有价值，尽管多数人承认这一点，但还是因生活繁忙而轻易忽视了这件事。专注的收益并不是可算计的，至少不能直接计算。不过专注的影响却难以估量。就像每次创新实践一样，专注与任何创新项目都息息相关。然而，在处理涉及不同文化背景的项目时，注意力分散问题和专注的重要性问题就会被放大。

下面是在文化智力创新环境中着手强化专注的某些方式。

方法1，首先开始创意工作

我们通常一天的工作会从回复邮件、安排会议等无须动脑的任务开始，而把困难的任务推到后面进行。不过，实际上，每个任务都会耗费你的精力，降低你的专注水平。就像锻炼会让身体疲惫一样，这类任务也会让大脑疲惫。许多团队会议也是同样的方式，首先介绍行政管理的细节问题和最新进展，然后把大的协作任务留到最后。

神经学领域的思想领袖戴维·洛克（David Rock）表示："工作一小时之后，你的能力相比于刚开始就会差很多。我们做出的每个决定都会让大脑疲惫。"你需要尝试改变顺序。首先开始需要更多创意和专注的任务，然后再转向更简单的工作。在可能的情况下，我早上都会进行创意工作，而将会议和其他管理任务都安排在稍后时间。

方法2，摆脱办公室的约束

反复出现的证据表明，不少人在办公室外会达到独立思考的最佳状态。办公室的干扰是持续存在的。如果你可以选择在办公室外处理最具创意的任务，那不妨尝试一番。寻找最适合你工作的环境，这点当然对你的团队也同样适用。在你需要处理创意问题时，改变环境或许会有不一样的效果。简单地置身于不同的环境可以刺激大脑的经验性回路，这将在第4章加以详述。

方法3，调整自己的呼吸

注意力课程和压力管理项目一般都会强调注意呼吸的重要性。事实上，70%~80%能量都来自于呼吸。关注个人呼吸是锻炼大脑经验性回路的另一种简单办法。关注呼吸也是个人通过最基本的官能将自己回置于适当位置的方法之一。花费几分钟关注我们的呼吸会将多样化团队集中于人类最基本的相似性之上，那就是所有人都需要呼吸。

方法4，把想法写出来

如果呼吸有助于唤醒经验性回路，书写就有助于唤醒叙事性回路。思考和书写是截然不同的。思考多多少少是没有组织、无序甚至混乱的。然而书写却鼓励你创造一条故事线和结构，帮助你明确已经发生的问题，寻找适合的解决方案。书写会提供更系统、以解决方案为基础的方法。

亚马逊创始人贝佐斯因要求领导层在参加会议时完整写下他们需要讨论的内容而广为人知。光写下简单的要点并不够。“要写下完整的句子其实更难，”他说，“句子有动词，段落有主题句，根本没法在思路不清晰的情况下写满6页叙事性的、结构明晰的备忘录。”在我读到某个领导写的不清楚的内容时，此人的思维清晰度就会令人质疑，这会让我觉得他是否有语言障碍或是文化不同影响了其表达的清晰度。

在针对经历创伤事件的人群进行的多项研究中，研究人员鼓励参与者每天花上几分钟写下个人对事件最深层的想法和感受，就像日记一样。**在一项研究中，刚被解雇的参与者根据要求用文字描述个人对解雇的最深层想法和感觉，包括如何影响个人和职业生活。这能改善参与者的心理和生理健康，包括健康问题的减少和自尊心与幸福感的增加。**

你没有必要写一大本，哪怕用几个句子或单词描述个人经历、某些探索更深层次想法的问题以及某些可能的学习结果，这些都足够帮助你发挥反思的力量。

方法5，制定三大优先事项

你本周优先关注的是哪三大事项？如果你无法即刻列出，那就需要警醒。每周末我的日常工作之一就是思考上周的主要收获，预测下周可能出现的情况，做法就是明确在下一周需要关注的三大优先事项。如果出差安排紧，那么其中一项就可能包括在下一场会议上进行准备充分的主旨演讲。不过，确实不少次我们难以专注，这不是因为我没花时间明确个人的三大优先事项，就是自己被手头紧急的事情忙得忽略了这点。

DRIVEN BY DIFFERENCE

小结

在创新项目上与你合作人员的个性和文化背景越是多样，越容易理不清焦点所在。不加控制的竞争理念和工作风格会让事情失去重点。关注人际问题和摩擦而不是定义问题和解决问题绝对是错误的做法。然而，不同角度和风格围绕共同目标联合起来，而且每个人都竭尽所能去实现这个目标时，由此产生的多样化解决方案就是非常有价值的了。

我已在本章节花费了90分钟，所以是时候休息一下了。虽然外面挺冷，但我还是决定出去走走。在过去90分钟里我一直处于叙事性专注状态，所以我要尝试运用大脑经验性专注的功能，其实不过是沉浸于个人所见所闻所想就可以了。

专注的力量

训练自己克服多样化团队带来的更多干扰因素，关注于寻找问题和解决问题。

环境评估			
	几乎没有	偶尔	几乎总是
我觉得自己相当专注于需要解决的问题和需要做的事情。			

THE POWER OF SPACE

04

环境隐藏着创造力密码

空间的力量

阅读地图

DRIVEN BY DIFFERENCE

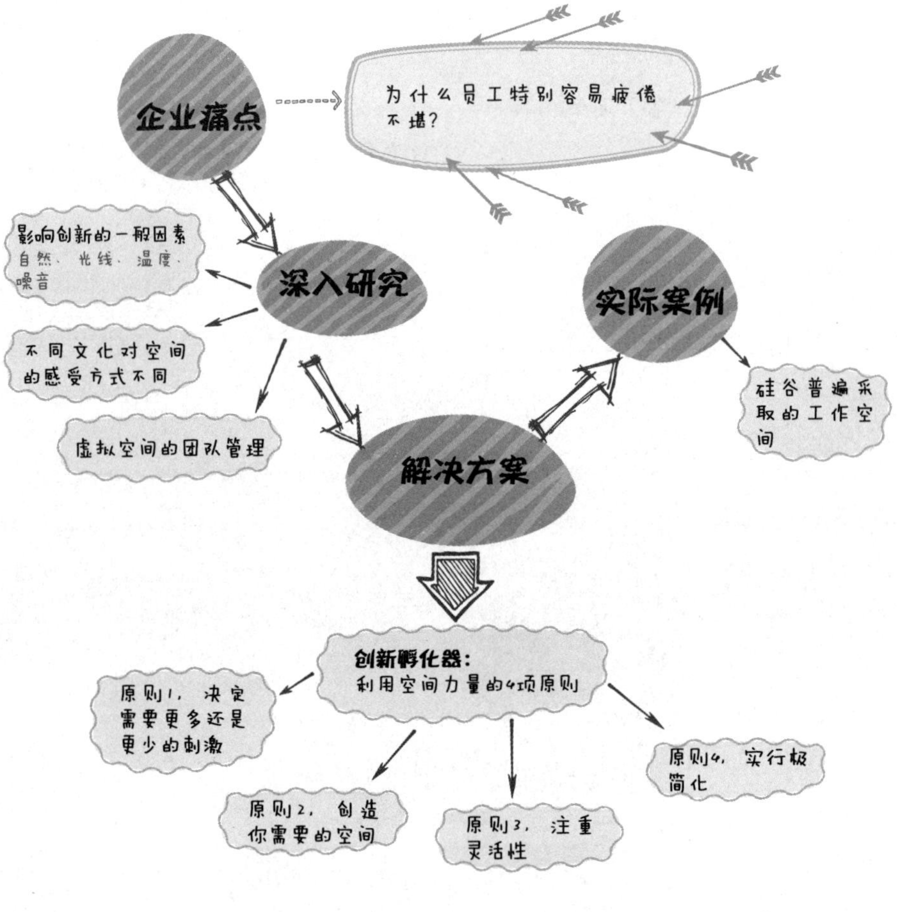

什么样的空间最有益于文化智力创新？如果你把同样的团队置于不同的环境之中，结果将会有什么样的不同？或者如果你把两个来自不同文化背景的团队置于同样的空间之中，团队的不同文化背景又会怎样影响最终结果呢？很少有公司会费精力考虑工作环境的作用，但谷歌却是例外。谷歌拥有开放的办公环境、内部按摩、自助美食厨房和灵活的工作空间。关于空间环境如何影响创新和生产力，这些都值得重点讨论。这类特别之处使谷歌在硅谷中显得卓尔不群，而谷歌的全球办事处也同样拥有类似的元素。谷歌新加坡分公司坐落在高耸的摩天大楼之中。虽然大楼休息室与全球各大城市多数公司的休息室都是类似的，但是在你抵达30层，进入谷歌之时，就会进入完全不同的空间。明亮的主色调、任何工作台10平方米内都设有用餐区、足球游戏桌和工位，这一切都成为利用开放、灵活的空间，以推动创新的组成部分。

诺华公司在全球各地的任何实验室和办公室，则充分运用了自然光，有茂盛的观赏植物和大面积的社区区域。所有这一切目的都在于推动不同背景的研究人员和项目管理人员之间的协作和创新。这类工作空间是否会推动相关工作人员的创新？或者它是否会对影响自身起源的美国和瑞士文化有所偏重？

据报告，在自然光空间中工作的团队会比在无窗空间中工作的团队更加积极正面；而如果工作场所更像自然环境，那么员工会觉得工作压力更小，满足感更高，出现头疼等不适症状的情况也更少。自然、光线、温度和噪音都是始终影响多样化团队运行的因素，都是在任何空间中需要考虑的普遍因素。考虑这些因素，都是为了最有效地释放多样性驱动创新的潜力。

另一方面，每个人对于物理环境的反应并不一样。某些人在完全静谧的环境中效率更高，而另一些在没有外界刺激的情况下就无法思考。某些人在上司不在的时候就会失去方向，而另一些人会觉得同样的环境使其更有动力。日本工程师对于办公室和家庭的设计方法与中国或韩国工程师完全不同，更别提欧洲和拉丁美洲的了。

环境是否会塑造文化或者文化是否会塑造环境？其实两者都会。而多样性会重新塑造设计世界本身。随着更多的公司采用谷歌式开放的工作环境和北欧功能极简主义设计，作为创新过程中的一部分，不同团队与他们工作环境之间的联系就需要投入更多的关注。

影响创新的一般因素

在树木环绕的游乐场玩耍的儿童会比在缺乏树木的地方玩耍的儿童有更主动参与性、更多的创造性。在家恢复的病人会比在医院恢复得更快。而且，正如之前所说的，工作场所越类似自然空间，人越会觉得压力更小，对工作更加满意。事实上，根据心理学家马克·弗里德（Marc Fried）的发现，环境是个人生活质量的第二大预示指标，而良好的婚姻状态则是第一大指标。这点似乎不论什么文化背景都同样适用。

社会经验使我们给不同地方赋予了特定意义，文化差异与这种关联有很大的关系。在相似的情景下，我们的大脑持续在现实环境和自身的前期经验之间进行关联，这会影响我们的情绪以及为产生新想法所做的准备。不同的空间提醒我们做出不同的回应。社会经验让我们明白在职场必须表现得专业，在酒吧表现得随意，而在音乐厅或是博物馆就要保持安静。然而，每个人在这类环境中的社会化经验都会因为个人的成长环境不同而有所不同。对于来自共时性文化（monochronic cultures）的人群而言（例如在德国），他们更倾向于以线型方式对待时间；工作和个人生活是分开处理的。如果你在和朋友外出就餐时接到与工作相关的电话，你可能会缺乏技巧快速将自己调整到工作状态，以便能处理好该信息，即便你对它已经思考得很成熟了。而在你完全投身于工作时，突然接到一个私人电话或短信，也可能出现相反的情况。历时性文化（polychronic cultures，例如中东地区）对待时间就更加流动性；在什么地方该怎么交流和思考，这样的限制对他们而言并不存在。在工作会议中接听私人电话不太可能使历时性文化中的人分散注意力，但共时性文化的人可能会认为他们的注意力分散。

DRIVEN BY DIFFERENCE 关键词

共时性文化和历时性文化

对于来自共时性文化（monochronic cultures，例如在德国）的人群而言，他们更倾向于以线型方式对待时间；工作和个人生活是分开处理的。

历时性文化（polychronic cultures，例如中东地区）对待时间就更加流动性；在什么地方该怎么交流和思考，这样的限制对他们而言并不存在。

文化智力创新必须考虑空间的力量。工作空间影响想法的产生、信任的建立和个人及团队整体的生活质量。具有前瞻性的组织已花费大量时间和金钱塑造完美的空间，以提升职工参与和创新的程度。如何影响不同的个体和文化，让我来分析一下其中的一些变量。首先，我们需要简单地回顾对所有人都有影响的环境因素：自然、光线、温度和噪音。

这些因素影响创新过程的方式会因个性和文化的不同而有所变化。不过，每个人都应该考虑如何最大化这四大因素的有利影响，以支持创新。

自然

虽然既有城市爱好者，也有乡村爱好者，但是自然对所有人都有益。你从自然中获得越多，你就会越好。自然的神奇之处在于缓解困扰我们的心理疲劳。瑞士巴塞尔的一名研究人员发现了治疗冬季抑郁症的有效方式，就是要求患者不论天气多么恶劣都坚持外出散步一小时。患者发现自己的外貌、健康和幸福感都有质的提升。如果个人可以置身于自然环境之中，术后恢复速度会更快。自然对于人类的生存和幸福至关重要。

心理疲劳已成为这一整代人普遍存在的现象，而这一代人通常都长时间沉浸在高科技、人工空间之中，所以环境心理学家威妮弗雷德·加拉赫一直在强调自然环境越来越重要的意义。潺潺水波、流动云层、连绵草地、山川、树木和花朵的舒缓效果与电子邮件、短信和 PPT 演示的持续影响形成了鲜明的对比；沉浸于自然会增加我们的流动性。即便在城市中央，也能远离繁华街道，只要走进附近的公园就可以体会到自然的强大影响力。

我在全球不同的地方都参加过会议、做过发言。某些活动主办方主要是基于成本和便捷度来设置会场。不过，也有主办方会寻找适合创新、相互联系和亲近自然的场地。在有自然光、方便接触室外环境和可以欣赏花园、山川、流水或树木的情况下，出席会议的人最终会比连续几天在地下室召开的会议中获得更多不同的体验。我曾特意安排自家办公室的布局，以便可以获得最佳环境，刺激个人的创造力。我的书桌旁边就是大窗户，透过窗户可以看见美丽的森林和湖泊景色。即便是我外出旅行（通常是大都市），我也会努力找时间亲近自然；哪怕只是在公园里跑跑步或是在湖边散散步。自然对于我们的生理和心理健康都有重要的影响。

光线

白天走进酒店房间时，我要做的第一件事就是拉开窗帘。我需要光线。大脑和身体都会在接触光线后变得活跃起来。时差就是这个现象最好的证明。时差多数是与大脑和身体如何对光作出反应相关的。我们体内都有一个“测光表”，设置个人的昼夜节奏。在白天明亮的时候我们变得警惕和活跃，而在夜间黑暗的时候我们则会倾向于休息和睡眠。体内的生物钟是根据身体对光线的读数设定的。在每天特定的时间里我们的体内都会发生一些事情，比如释放特定的神经化学物质，体温的升高和下降。某些地方冬天白昼时间短，夏季白昼时间长，其居民体内的生物钟会进一步根据季节变化进行校准。这类内部计时机制对于个人官能作用特别重要，甚至还在胎儿发育阶段就已经开始运转。因此，在你颠倒白天和夜晚的顺序时，你的身体就要花时间重新设置新时区内的循环周期。时差不是完全存在于你的脑海里，而是个人身体和大脑对光的反应。

推动文化创新最好的光线类型就是自然光。人类的大脑和身体是根据日光进化成了现在的样子。不论是中枢神经系统还是神经内分泌激素系统，都会受到光线刺激的严重影响。适当使用自然光可以降低头痛、季节性情绪紊乱（SAD）和眼部疲劳。在克服这类生理障碍后，你就会更好地做出准备，提出创意想法，参与不同角度的讨论。自然光也同样影响着你的注意力水平，而且这种影响的程度非常深。自然光对于生产效率和整体健康都有直接的影响，不论你来自何种文化背景。

沐浴在阳光之中是助你保持警惕和活跃的最佳方式；当然，适当的人工光线也同样有效。此外，在户外散步 15 分钟，哪怕是阴天，也可能会比你面对白板两个小时产生更多的想法。想想如何把光线融入你开展创意工作的空间之中，最好是自然光线。

温度

温度是每个人需要考虑的另一个基本影响要素。正如你的身体会学习适应不同的光线节奏，同样也会适应不同的温度。如果某个人从寒冷的环境中去往热带，通常会开玩笑称自己的血液都已经变得稀薄，实际情况也的确是这样的。身体会适应不同环境，而且一般速度会相当快。加拉赫写道："不论我们来自哪里，我们都可以在几周内适应撒哈拉沙漠或是亚马孙雨林的环境，主要是因为我们的身体将学会更快、更有效的排汗。"

寒冷会刺激人体，而温暖会使人镇静。原理相当简单：要想降低个人身体的产热情况，你就必须停止活动。为了变得暖和，你则需要移动。一项研究发现，如果暴露在 32 ℃（华氏 90 度）以上的环境中达到一个小时，就可能影响生理表现；暴露达到两个小时或以上，就开始严重地干扰人的思维活动。

现在多数人都几乎不需要适应截然不同的温度环境，因为我们大部分时间都是在室内。在现代的发达国家，大多数工作人员主要是在温度得到完美调控的环境下工作：冬季送暖，夏季降温。尽管室内是 21 世纪的主要工作场地，但是仍然需要注意温度会如何影响人们的创意活动。房间内的温度影响着人们交流参与的方式。如果有团队成员抱怨会议室太热或太冷，那么这可能的确是个需要考虑的问题。在我们尝试进行文化智力创新时，这类不舒适的感受恰恰是妨碍我们达到最佳状态的干扰因素。

噪音

如果自然、适当的光线和舒适的温度是构建创新环境的理想要素，那么噪音就是最大的路障；噪音就是任何你不喜欢的声音。在当前短信、电话不停的时代，我们必须创造更多的安静环境。

声音是刺激因素还是干扰因子，这取决于度，而且因人而异。某些人在背景音乐的陪伴下可能会提出更具创意的想法，而其他人则可能会因此受到干扰。不过，对声音和噪音的反应可能与人们参与的团队项目有关。**安静的空间通常会产生更高的生产力，但是你必须找到适当程度的静谧。太过安静可能会让大脑过于放松镇静。**

自然、光线、温度和噪音这四个环境因素，是任何参与创新的人普遍会考虑的因素。对这些因素有意识的规划将直接影响创新过程。

空间布局，给个体更多的选项

文化智力创新在谈及空间的力量时也必须考虑个人和文化差异。某些人在静谧的图书馆中学习效果最好，而另一些人在吵闹的咖啡厅里工作得更好；有时这也取决于项目情况和你的心情。家之类的熟悉环境通常会产生一种安全感，而新的地方会存在潜在的危险和冒险感。不过，对于特定的个性类型而言，某些新鲜和不确定感正是产生新想法所需要的；其他人则需要安全感才能提出最好的想法。这一切的关键之处就在自己感兴趣、放松的同时，也能让他人感兴趣和放松。

什么水平的刺激最有利于你或者其他人完成既定任务？这其实是个体之间最重要的差异。**广义而言，外向的人会关注外界更广阔的范围，因为这会刺激他们的想法和行为。内向的人主要关注自己的想法和感觉，是从内在获得刺激。两种个性都需要与人合作，都需要独处的时间。**理解个人所需的刺激类型有助于强化个人产生新想法的能力。

DRIVEN BY DIFFERENCE 案例

创新的培养皿，硅谷最流行的工作空间

谷歌、Facebook和领英等科技公司丰富的便利设施就是通过模拟大学环境来充分利用空间力量；在校园时，大学生总是一边努力工作，一边放松享受。谷歌高层埃里克·施密特和乔纳森·罗森伯格表示："多数外来人员在参观谷歌时发现，我们的工作人员大部分时间并不是待在办公室里。跟着典型的谷歌人……从排球场、咖啡厅或厨房再回到工作场地，你会发现什么？一排拥挤、杂乱的格子间，就像是创造力的培养皿。"

施密特和罗森伯格并不认可多数组织的工作空间，后者都旨在保证人们安静工作，同时彰显权威：初入职场的新人就待在格子间，而CEO则坐在一墙之隔的大办公室里。相比之下，施密特和罗森伯格坚持认为创新的理想环境就是高度互动、喧闹、拥挤并始终伴随着争论。谷歌提供的场所保证个人可以接听私人电话或有独处时间，包括室外阳台和小憩舱。不过，正常情况下，每个人周围都有团队成员在工作，所以你一旦突发灵感，立即就可以跟他人分享，了解对方的观点。

虽然多数公司不会像硅谷里的大科技公司一样提供美食、免费按摩和小憩舱，但是目前 70% 以上的公司职员都在开放的环境中办公；墙体和格子间全部被拆除了。每个职员的平均空间面积从 20 世纪 70 年代的 46.45 平方米变为 2010 年的 18.58 平方米。学校也出现了同样的情况，传统的整排座椅逐渐被淘汰，四人桌或将更多的桌子并拢在一起成了主流。

《安静》（*Quiet*）一书的作者苏珊·凯恩（Susan Cain）对传统观念提出了质疑，她不认为团体工作、协作和头脑风暴总是推动创新的最佳方式。**凯恩认为内向的人身处独处环境时会提出更具创意的想法；个人空间对他们主动集中注意力和产生想法的能力至关重要。**在我穿过谷歌等公司的人潮时，我明显感受到一种充满能量的气氛。不过，我同样也注意到几乎每个人的耳机声音都盖过了周围的交谈声。虽然，对我们而言，重要的是思考开放的办公环境如何影响需要完成的工作。

有不少人来自存在等级的社会，他们很好奇如果高层领导的办公室与初入职场的新人没有不同的话，那么公司怎么体现对高层的尊重呢？公司完全有权与文化常态背道而驰，但务必要避免仅因为地位就认为高管应获得角落办公室。在许多等级文化中，给予高管的荣誉通常会在组织和社会中表现出来。如果组织打算模仿谷歌的办公环境，其领导人需要有意识地考虑这将如何影响不同个人和文化的参与情况。

对于什么样的空间类型最能促进个人完成本职工作，这一点值得关注。**一定要留意何时个人需要加大刺激，何时需要减少刺激。**经过数周的旅行后，其间总是对一大群人发表演讲和与个人会面，我不时地期盼着有机会可以在自家办公室里待上一会。不过，在长时间独自写作后，我又需要在个人工作空间之外获得更系统的刺激。构建创新空间的关键在于对我们的工作地点和方式做出明智的选择。

文化 ←→ 环境

自然、光线、温度和噪音是影响每个人的环境因素。不过，你应对这类自然要素的方式，在一定程度上是由文化所决定的。此外，文化本身就是在社会与自然环境的互动中发展出来的，根本不可能将文化与环境区分开来。

文化和环境之间的密切关系由来已久。传统而言，人类学家研究特定文化群体的方法就是，检验后者在特定环境中为了生存而采取的措施。活下去是人类的最基本的需求：我们将如何喂饱自己？社会存在什么样的规范、价值观和偏好，很大程度取决于该群体是以狩猎还是采集为生存基础。狩猎是比农耕更为独立的任务，要求自己或一小群人走出去寻找猎物；然后再把猎物带回家填饱自己和其他人的肚子。农耕就需要更多人的集体合作。你需要多个人共同耕种一块地，收获作物，这使得人们必须更加紧密地携手合作；你不可能独自完成任务。因此，社会不会强制性地决定采取“个人主义”或“集体主义”。人们基于生存所需会自行组织，而随着时间的推移，它就沉淀为某种观念并塑造我们的所想和所为。文化价值观源自于人们如何在自身环境内学会生存。

社会同样也会形成适当的规范和实践，这将催生经济体系。部落和社区决定彼此如何交换商品，以便获取自己所在环境缺乏的材料和商品。社会必须回答的问题就是：“我们应该如何与其他社会交易商品？”其解决过程也是经济体系形成的过程。

以生存为本位的人类，在应对环境时，会表现出很多相同的地方。这导致了其他文化体系的诞生，包括家族体系（谁应该与谁结婚以及应该如何照料孩子和融入社会）、权力系统（我们将如何监管自己）、迁移系统（什么样的交通模式将使我们从一处前往另一处）以及安全系统（我们将如何保护自己）。每种文化的存在都是为了使人类能更好地在某种特定环境中生存。文化绝不仅仅是口头上的抽象概念，而是一群人的生活模式；它是由人们为了生存应对地理环境、天气和周边整体自然环境所产生的。文化和环境之间的关系相当深厚，从食物中就可窥见一斑。热带环境的人更喜欢辛辣的食物，因为辣椒有利于长时间保存食物和除菌；而在北部地区，文化就植根于土豆、苹果和甜菜等在低温下可以长期保鲜的食物。

你可以通过了解农村和城市群体的行为差异来理解环境对文化的影响。生活在农村地区的人通常会说城市的人有多么冷漠和粗鲁。在一项调查中，只有不到 40% 的城市居民会和陌生人握手，而农村居民的比例则接近 70%。然而，城市人真的比农村人“更自私”吗？研究表明，城市人和农村的人都一样的热情友好。大都市的冷漠其实就像是一种行为保护盾，可以保护城市人不受外界的过度刺激。生活在都市，如果你不跟任何人打交道，那根本不可能生存下去。

无法解释他人行为是不同群体冲突的最大来源之一。强化团队成员理解文化背景如何影响人们的行为方式，对培养文化智力水平而言，是前进了一大步。通过对空间的严密关注，组织可以为与不同团队的合作铺路。营销人员想要的空间真与工程师不同吗？职位的变动会改变你对空间的反应方式吗？答案绝对是肯定的！歌德曾写道：“只有出色的人受到环境的不利影响最大，这简直就是个悲剧。”在创意领域工作的人，包括设计师、音乐家、作家和艺术家，都在光线丰富的环境下容易达到最佳表现，而在光线暗淡的情况下则表现不佳。伟大的作曲家古斯塔夫·马勒（Gustav Mahler）在夏季灵感最多，而在冬季就相对沉寂，不过春秋两季却是他最多产的季节。艺术家文森特·凡高（Vincent van Gogh）似乎特别沉迷于光和色彩的运用，他的某些画作非常暗沉，预示着不祥，而有些却充满阳光，这使某些人相信他患有季节性情绪紊乱。

对你所在团队的创意水平，不要低估空间的影响。虽然对某些人而言，大量投资于创新办公场所的设计改造可能是物有所值的；不过，通过精心选择自然环境来推动文化智力创新的发展可能是，低成本、有策略地运用空间力量的最佳方式。忘掉那些不自然的空间建筑项目，尽情地享受欢乐。在新地方开展室外集体活动，远离办公室，就像是真正的旅行一样；而且在一天内这些就能实现，提供人们自己无法或不能获得的体验。这样的一天可能会比在会议室长期召开会议更有助于推动创新。

虚拟空间的团队管理，全球链接时代的工作新主场

在虚拟空间中工作，空间的力量又会怎样发挥作用呢？团队在完全通过技术进行合作时，建立信任、管理冲突和分享理念就会变得更加困难。一项针对多家跨国公司近 3 万名职员的调查发现，46% 的人都在虚拟团队中工作，并且完全没有见过虚拟团队的成员。另有 30% 的人表示他们一年仅和团队成员见一次。文化差异使任何团队都难以建立信任和同事关系，而对虚拟团队而言，就更是难上加难。另一方面，虚拟空间让个人得以适应他们的工作环境，在更理想的状态下来适应个人偏好（温度、视觉刺激量等）。虚拟联系还能让多数团队都可以构建由多样化成员组成的全球网络。

共同物理空间的缺失是阻碍虚拟团队的主要原因之一。当你与其他人同处在一个空间中工作时，你会看见他们。在会议前或是在休息室可以交流，甚至能在他们不说话时注意到他们。你也可以掌握可能影响他们行为的隐含性信息（例如风暴使每个人上班更加困难，或是每个人明天都不会来上班，因为是国家法定假日）。多数这类信息在全球性的虚拟团队中就会丢失，人们会失去掌握非语言线索和非正式对话的信息渠道。在截然不同的空间中，某一处团队成员在阅读邮件时的心理状态都会与另一处的人不同。

召开虚拟团队的会议是最具挑战性的活动之一。对于多数全球虚拟团队而言，参加会议时可能正值深夜，也可能是在清晨，或者在两个时段中间的任何时刻。某些参会者可能不得不听着外面正响着的除草机，还有些可能在忍受隔壁难闻的油漆味；而另外一些人却可能正在喝着咖啡，享受美食。每个地方的温度和光线都不一样，都可能分散注意力。所有这类环境因素都影响着可能出现的情况。在我们进入文化智力创新过程后，我将详述某些有助于解决虚拟团队困境的具体方法。目前，仅考虑不同空间改变虚拟团队成员参与创新的方式，包括我刚刚提及的不同类型的具体环境因素，比如光线、温度、气味等，同样也包括在圣诞节、斋月或是春节期间处理项目的影响等事项。此外，显然也包括会影响合作类型和创新的实际技术。

利用空间力量的4项原则

某些人在创新时希望不要有太多的外界刺激，而另一些人却喜欢各类刺激。某些文化对环境相当敏感，而另一些却不是，所以到底什么才是最佳的文化智力方式呢？它可以最大限度地利用空间的力量，支持创新。

原则1，决定需要更多还是更少的刺激

首先从你自己开始，搞清楚你自己是需要更多还是更少的刺激。还应该了解哪种空间类型最有利于你的创意思考；这类空间可能根据个人当前的流动性、心情和手头的工作有所改变。某些人觉得在咖啡店里交谈不像与办公室同事的交谈那样使人分散注意力，因为咖啡店的氛围比较随意。在你着手创意工作时，不妨先整体了解一下自己的任务，然后再考虑你什么时候需要完全的安静才能集中注意力，而什么时候更加活跃的环境会有助于你更好地完成个人目标。

原则2，创造你需要的空间

我曾成功地在一些很不寻常的环境下处理创意项目。比方说站在地铁上；或是坐在利比里亚的树荫下思考几个小时，当时我正等着主办方来接我。有时，你会突发灵感，不论在哪里都要充分利用这个机会。另外，要注意如何利用空间的力量强化创意过程以及你与他人的互动。

有计划地建立个人空间。消除会分散注意力的因素，安排能接触自然光的适当环境，遵守生理的休息时间，注意温度及它如何影响人们的方式。多数工作空间环境不适合文化智力创新，但是你可以自己去改变。

原则3，注重灵活性

理解团队成员偏好的多样性。正如某些人喜欢城市生活，另一些人却钟情于乡村生活；人们对物理环境的反应是完全不同的。寻找最适合的空间，它能对你

的团队发挥良好的作用。良好的空间应该给个人留下很大的控制权，使他们能根据自己的偏好进行调整。首先就要从光线、自然、噪音和温度等普遍因素着手，随后就是要给人们留下自由调整空间的余地。当周围都是创造性思考的提示、并充满着创新的成果时，他们更可能会以那样的方式思考和采取行动。

原则4，实行极简化

每个人定义的极简工作环境都是不同的。除此之外，创造力和极简主义在实际操作过程中总处于动态的紧张状态。一方面，接触不同的想法会推动创造力的发挥，这类想法可能来源于图书、杂志或产品样本。另一方面，丰富的信息和视觉刺激可能导致人们难以集中注意力。整体而言，清除不必要的繁杂因素才能更充分地发挥文化智力的优势。极简化程度跟个体密切相关，而且不同文化的差异也相当的大。不过，越来越多的证据表明，杂乱和大量的视觉刺激会影响绝大多数人的创新过程。

清除墙壁，扔掉小玩意和小装饰，还有别忘了清理桌椅。规划、简化个人捕捉想法的方式，这样才能在需要时不费力地找到。在举行圆桌会议时，尽可能地清理空间，只提供必要的打印材料，要求每个人把总结缩短到一页纸或一张图表更好。

DRIVEN BY DIFFERENCE

小结

近期我分别与两组不同的高层管理人士举行了两场类似的会议。第一场会议是在过时的宴会厅里举行。那里灯光昏暗，20世纪70年代的室内装饰，没有窗户，人们走进大厅就能听见扬声器播放的“轻音乐”。第二天，我与第二组领导者举行了另一场会议，这次是在光线明亮、装潢精致的房间里。会场的整个背墙都是巨幅落地窗，参会者在就坐时也会听见扬声器里播放的欢快音乐。两场会议参会者的表现大相径庭。当然，在一定程度上这可能只是我自己体会到的差异，但是我坚信不同的空间环境造成了这种悬殊表现。

通过管理你的空间来控制创新过程。来自环境的刺激，可以使有些机会逐渐成熟，从而让我们更好地探索自己和世界。谨慎对待团队成员之间的差异，充分利用光线和自然的普遍力量。

空间的力量

控制个人的物理空间，创建文化智力创新的理想环境。

环境评估			
	没发现	有点	很清楚
我发现最有益于自己进行创新工作的物理空间类型。			

THE POWER

OF TRUST

05

为创新者背上降落伞

信任的力量

阅读地图

DRIVEN BY DIFFERENCE

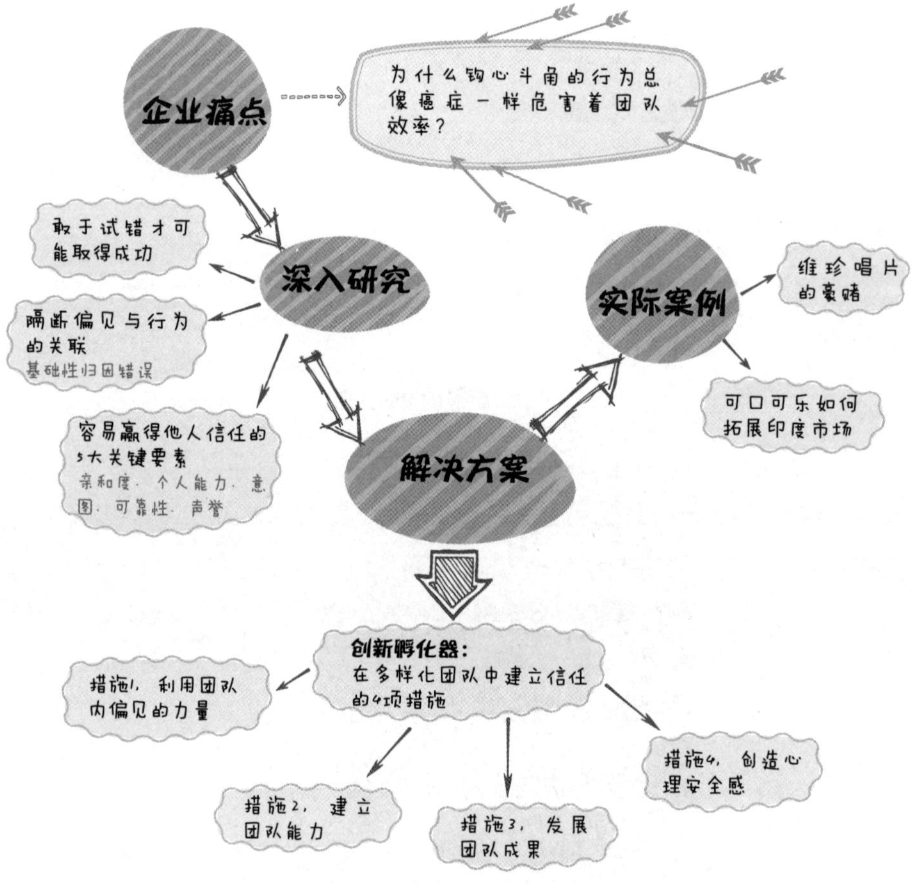

王先生是德国某公司的中国区负责人，他花费了大量时间试图说服德国总部从中国制造商处购买需要的设备。德国总部坚持认为设备应该从欧洲进口，以保证品质。王先生在无计可施的情况下，只能寻求欧洲同事汉斯（Hans）的协助。汉斯认同王先生的说法，并且通知总部中国制造商的产品更加便宜，而且质量绝不逊于欧洲设备。公司听了汉斯的意见之后，不仅同意为中国区公司从本地采购设备，而且将中国列为全球设备的主要采购地，这为公司节省了大量资金。

为什么公司信任汉斯而不是王先生？难道只是因为他们说服公司领导层的能力不同？有没有可能是他们各自的文化背景在起作用？已经有很具说服力的证据表明了这一点：在为什么总部更快地相信汉斯而不是王先生这个问题上，文化发挥着重要作用。这点其实是双向的。不仅德国人更可能信任德国人，中国人也同样更可能信任中国人。一项研究表明，中国工作者总是将外籍管理人员称为空瓶子：只知道说得好听，没有实质内容。一名中国工作者这样描述他的外籍经理：

我的意思是他完全不了解这个行业，跟我说的有些事听起来就挺蠢的……他就是站着说话不腰疼，根本不了解情况……实际上别人都说他是个呆子。

创新免不了风险，不管是对组织还是对工作人员而言都是如此。除非打造信任的环境，否则个人不太可能使自己暴露在风险之下。只有当个人觉得被信任的时候，他才可能冒必要风险去追求创新项目。有的失败是在所难免的，关键在于人们是否敢于大胆尝试并汲取经验。

多数多样化团队都将信任看作是自身的瓶颈所在，只有突破这点才能带来创新和高效。我们仅凭本能就明白信任是任何关系获得成功的关键要素，而创新根本不可能离开信任。然而，你该如何在成员背景不同的团队中建立信任关系呢？相关研究又如何揭示出了多样性对信任建立的影响呢？

有信任才有试错

宝丽来相机发明者埃德温·兰德（Edwin Land）主张“失败是创新和创造力的关键要素”。他表示害怕失败的个人和组织注定一无所成。创业家理查德·布兰森表示：“创业的核心就是……提出冒险的、可能失败的大胆想法。”布兰森应该自有体会。

DRIVEN BY DIFFERENCE 案例

维珍的豪赌，信任造就的创新帝国

在维珍唱片（Virgin Records）建立初期，布兰森的两位合伙人对于当务之急如何利用有限资金签下更知名的艺术家产生了分歧。合伙人尼克·鲍威尔（Nik Powell）想节省资源，慢慢通过零售挣钱。不过，另一个合伙人西蒙·德雷珀（Simon Draper）却希望花大价钱签约最著名的艺术家。最终公司选择了德雷珀更冒险的方案，虽然结果收益颇丰，但当时确实冒了巨大的风险。

在本书写作的过程中，布兰森的冒险行为就是投资商业化的太空旅行项目。维珍银河太空船二号在2014年试航时撞机，导致一名飞行员死亡，这可能是布兰森截至此时遭遇的最大失败。不过，布兰森不会放弃，他表示自己会登上第一架维珍银河商业飞船前往太空。

布兰森比多数人都更敢于冒险，承担风险。其实任何想要创新的人都必须接受失败的可能性，而你容忍失败的态度直接与涉及的信任水平相关。这是具双向作用的。如果团队没法证明自己值得信赖，那么管理层就无法相信团队可以创新，而如果团队不信任管理层，感觉不到管理层对他们的信任，那么团队也就不会尝试最终可能失败的事情。

信任对不同文化有着不同的意义，归根结底就是你是否认为某人值得依靠。这是一种主观评估，但是对创新而言却相当重要。完全一样的行为可能使某个人获得更多信任而使其他人丧失原有的信任，主要取决于其行为将会如何被解读。比方说，在平等主义为主导的文化环境中，领导人可以通过分享个人失败的例证来赢得下属的信任；然而在等级制文化环境中披露失败的情况，特别是在团队初建时，可能会破坏手下对领导层的信任。信任是以不同价值观为基础的，因此性质相当复杂。

在我们逐渐社会化的进程中，对于成功、失败和信任的思考呈现出复杂的多层次性。在不少文化中，失败不仅反映在个体身上，同样也反映在整个公司和多数家人与父母身上。赵显娥（Heather Cho）是韩国航空公司前任副总裁，她就有亲身体会。她因为坚果是袋装而非盘装就在飞机上大发脾气，要求航班乘务人员下机，命令飞机返回。媒体大肆报道这件新闻，赵显娥被迫因个人不当行为而辞职，甚至最终锒铛入狱。她的父亲是航空公司董事长，在聊到女儿“愚蠢的行为”时深感羞愧。他表示：“我愿为当前的情况承担一切指责，因为所有这些都是我的问题……我没能好好地教育我的女儿。”这也是对待失败的态度！作为高管的父亲还要为已成年女儿的失败承担责任，因为他没能在女儿小的时候教育好她。

不是所有的失败都是相等的。不论是在哪种文化环境中，某些失败会使人丢掉工作。不过，这在很大程度上还是取决于文化环境和背景。我只不过希望帮助不同背景的团队更适应失败，而学会在风险中信任彼此，可能需要的不仅仅是简单的团队建设活动。信任的意愿是深深植根于我们心中的。

在虚拟空间中建立信任可能会困难百倍。在相同地点一起工作，就会通过长期的经验和观察建立信任。基于你与办公室同事交流的方式、你在午餐时的行为以及你在团队会议中的互动情况，你的同事会判断是否可以信任你。如果你心情不好，没有参加会议，你的同事会有更大的背景环境来解读你的行为。然而，如果是完全虚拟的合作，信任几乎完全取决于长期的坚持和可靠度，根本不可能有机会通过闲聊来创建关于你个人情况的描述。有西方文化背景的人会觉得通过长期坚持，信任不同文化背景下的同事相对容易一点，而不少其他文化背景下的人（亚洲、中东、拉丁美洲人）会难以信任他们从未见过的人。因此，在虚拟空间中，信任只需一个或两个因素就能建立或毁灭。我是虚拟空间的忠诚支持者，我与全球不同团队成员的大量工作都是通过虚拟空间完成的，这会让我们获得更全球化、多样化的视角。然而，如果文化智力创新将成为事实，那么任何多样化团队（特别是虚拟空间里的团队）就必须解决建立信任关系的文化动态问题。

割断偏见与行为的关联

不少人否认民族或文化与他们是否信任别人有关。然而，在我问他们最相信谁时，几乎所有人的回答都是“我相信那些与我相似的人”。一个年轻女性告诉我：“我要看那些人是否跟我有同样的道德观和信仰。”另一个人表示：“我相信那些跟我朋友凯蒂（Katie）相似的人，因为我知道她做事的方法跟我一样。”

我们相信熟悉的人，而这种倾向在婴儿时期就已出现。在一项研究中，给10个月大的美国和法国婴儿两个同样有意思的玩具。一个是说英语的成人给的玩具，另一个是说法语的成人给的。美国婴儿总是拿美国成人给的玩具，而法国宝宝完全相反。即便是婴儿都会因为熟悉的安全感而更喜欢那些与他们相似的人接触。

需要关注的是多大程度的相似性才能产生信任感和吸引力。**布雷特·佩尔汉姆（Brett Pelham）进行过一次著名的实验，结果表明，哪怕只有一丁点儿相似，人们也会更倾向于支持这个有相似者。**女性更可能与这样的男子结婚：他的名字和自己婚前姓氏的第一个字母一样。名为路易斯的人更可能住在圣路易斯，就像名叫保罗、玛丽和海伦的人更可能住在圣保罗、圣玛丽和圣海伦一样。

研究持续表明我们在潜意识里会偏向于与我们相似的人，不是因为我们对其他人会明确地表示憎恶或不喜欢，只是因为我们会对团体内的人保留同情、信任和喜爱。

基础性归因错误是一种心理学现象，它解释了人类为什么倾向于用实际情况看待自己的行为，却总是依据个性和文化背景看待他人的行为。文化差异越大，就越有可能出现基础性归因错误。换而言之，在解释问题时，我们更可能站在自己和与自己类似者的立场上。如果我的手机在电影院里响了，显然每个人都应该谅解，因为这是独自外出旅行的女儿打来的。然而，如果你的手机突然响起来，我第一反应就是：搞什么！居然没有关机。这种情况也适用于其他环境。如果我在某件事上取得成功，我的内在反应就是为自己鼓励点赞；然而，如果你成功的话，特别是如果你是来自不同的文化背景，我就可能将此成功归因于你身处的环境，而不是对你个人表示赞赏。你越是与我本人不同，我就越可能以基础性归因错误来解读你的行为。

DRIVEN BY
DIFFERENCE 关键词

基础性归因错误（Fundamental attribution error）

它是一种心理学现象，它解释了人类为什么倾向于用实际情况看待自己的行为，却总是依据个性和文化背景看待他人的行为。文化差异越大，就越有可能出现基础性归因错误。

我们在内心里会信任那些与我们相似的人。**我们都有偏见。某些内在偏见是不可避免的，但是我们没必要在这种偏见的基础上行事。**我们可以有意识地学习信任那些与我们不同的人，同时帮助他人也同样学会信任。我们可以努力在创新团队内部建立纽带关系，以便利用团队内偏见（in-group bias）的力量。不过，在我们为此采取某些措施前，我们需要检查始终影响我们信任他人的变量因素。

容易赢得他人信任的五大关键要素

你如何决定该信任谁？对多数人而言，他们会信任那些言出必行、遵守承诺、不“疯狂”的人。不过，对大多数人而言，信任更可能源于共同的社交网络，比如彼此熟识、个人或公司在整个社交圈中的声誉以及领导建立和谐团队的能力。因此，当多样化团队的领导人表示“我们只需要建立信任”时，他可能对这句话的内涵会有不同的理解。

可口可乐相信全球13.9万名员工都会因“在交易中诚实、公开”而赢得和保持信任。可口可乐南亚地区的高管盖倪瑞（Neeraj Garg）虽然坚定地支持公司保持“诚实、公开”的信条，但同时他也表示：“不同文化对这个诚实、公开的理解可能大不相同。”在盖倪瑞与西方人共事时，他清楚建立信任就是迅速完成工作，但是不少南亚人却认为值得信任的商业交易以友好对话交流开始。盖倪瑞表示：“在印度，别指望能够快速决定或行动，因为所有事情都需要相当长的时间。”**信任需要花费大量的时间来建立，但却可能在一夜之间就失去。**

我们在判断他人是否值得信任时，主要依据是什么？在考量信任时，始终有5个因素不能忽视：亲和度、个人能力、意图、可靠度和声誉。这类因素如何影响个人信任他人的程度，主要取决于相关任务情况、个人的性格及文化背景。我对网页设计者的信任与我对照顾自己孩子的人或财务顾问的信任是截然不同的。思考一下这5个因素对你的重要性，再想一下团队里的其他人可能会有如何不同的看法。

要素一，亲和度

在筛选应聘者时，不少人事经理首先会本能地观察应聘者的亲和度。我们是否希望为公司引入这样的人？她有多“和善”？人们常说：“只聘用那些你想要与之共饮的人最好。”**不过，谷歌的埃里克·施密特和乔纳森·罗森伯格却表示：“实话说，某些效率最高的同事绝对是我们不想要与之共饮的……你必须与那些你不喜欢的人共事，因为一个工作团队如果所有人都是最佳搭档的话，可能就会同质化，而组织内的同质化会催生失败。”**

某些最好的团队伙伴可能会惹你讨厌，这是我多年来学会的最关键的一课。在选择合作人时，直觉通常对我相当重要。不过，有时我也会吸取教训，清楚他们不可能总是最好的合作伙伴。相比之下，我加入的某些团队并不总选择我喜欢的合作伙伴，但毫无疑问的是，这类人却成了项目的宝贵资产。

此外，亲和力也与文化息息相关。如果个人成长的文化环境标榜间接沟通、面子或保持恭敬姿态，那么他可能会更喜欢那些热衷于间接交流的人，而不是直接、自信的人。个人如果来自崇尚个人魅力、喜欢友善的玩笑和讽刺的文化背景，那么他可能不信任那些更保守、自制的人。

美国选民更关心他们选举的官员是否讨人喜欢，而德国选民就相对不关注这点。美国总统候选人会通过分享个人故事、花时间在地方晚宴上与普通民众交流来表现出自己的亲和力，而默克尔和她的顾问似乎就不会耗费太多精力赢得普通大众的喜欢。她表现出的形象是实事求是、谦虚、高效、能够顺利完成工作。不过话又说回来，考虑到德国文化中的主流价值观，这些正是让她受多数德国民众喜欢的要素。因此亲和力同等重要，只是对德国人和美国人而言其内涵并不相同。当然相比之下，德国总理默克尔会花费更少的精力将自己打造成温和、可爱的人，使你们想要邀请她参加晚宴。

要素二，个人能力

个人顺利完成任务的能力是另一个影响信任的关键变量。你可能相当喜欢某个人，但有时你会质疑这个人是否有能力完成需要完成的任务。你是否经常听到“他尽管不错，但是我不确定他能否胜任这份工作”。这个因素多数与具体需要完成的任务相关。不少人我们虽然珍视，却不相信他们能够完成某项特定的工作，因为他们没有必备的技能。

尽管相比判断他人亲和力，人们在判断其他人的个人能力时，所掺杂的主观因素要少，但是仍然会受到文化差异的影响。如果你对模糊性的包容度低（高不确定性趋避），你可能会基于是否有应付各种情况的方案评估这个团队成员的能力。他是否能证明自己已经充分了解了风险，其所提出的计划是否真的具备可行性？不过，更随性的领导（低不确定性规避）可能会认为那些纠结过多细节的团队成员缺乏见解、自信和快速直觉判断的能力。

相比领导能力，个人的的软件编程能力似乎要客观得多。不过，即便是技术能力也可以基于文化定位做出不同的解读。某些信息技术工作者所经历的多样性冲突并不总是编程中对与错的问题，有时更多仅仅是不同见解而已。某些计算机语言的设计者武断地坚持使用过程式编码，而另一些人会采用所谓的“说明性语言”，或是面向对象的方法。每种语言都有优势和劣势，而我们很容易认为那些我们更喜欢使用的方法更高效。

要素三，意图

信任与风险总相伴而生。相信他人具有善良意图会使我们部分地暴露于风险中。假如我跟你分享我的创意想法，你会嘲笑、窃取、占为己有吗？对这个问题的判断还是取决于你在心理上觉得某个团队成员或上级是否可靠安全，这会对人际合作和团队工作产生直接影响。优秀团队必须具备一种信念，你不会遭到拒绝或侮辱而且对联合创新者的善良意图深信不疑。

普适主义追求在同样的规则和政策面前人人平等，而特殊主义则强调基于个人关系和地位而区别对待。普适主义者时常会怀疑特殊主义者的意图，认为他们会更偏向于某人。这类对话时常会引发关于贿赂和腐败的讨论，不过相反的情况也同样适用。特殊主义文化强调社会责任和关系，来自这种文化的人很难信任某些人和组织；后者只是主张强制遵守规范政策，而不考虑具体环境和关系。不少社会中弱势群体会不信任司法体系的意图和公正性；他们不相信司法体系会以公平、可靠的方式审理案件，即便后者宣称采用普适的政策和法律。

各团队成员在项目中的不同分工可能会导致意图问题放大。某些人可能会在项目上花掉自己 40% 的时间，而另一些人只花了自己 10% 的时间。当某些团队成员自己所耗费的时间低于人们之前的预估时，团队其他成员就会在内心深处修改项目优先级。如果在项目执行过程中，实际时间与预计情况存在差异的程度在各部门并不相同，就可能使某些人对共同项目的初期安排产生不信任的情绪。

要素四，可靠性

在我们考量信任他人是否值得时，可靠性是另一个变量，对多数西方人而言，这都是一个关键变量。西方的职业经理人经常会被问及在全球不同地方的管理经历，这样的对话通常最后会谈到可交付成果。他们是否能及时、统一地交付？他们的创新理念是否最终能转化为现实结果？

不同的文化和组织对可靠性会有不同看法。在 Facebook 公司，可靠性不是完美地结束某事，而是彻底完成事情；以他们的说法就是顺利“搞定”。事实上，公司总部到处都是“完成比完美更好”“迅速行动，打破常规”等标语。黑客没有受到任何排斥，而负面媒体新闻也不过是飞速发展的高科技公司都会面对的东西。信任是建立在你是否能顺利“搞定”事情的基础上。

相比而言，在另一些文化里，可靠性指准确完成任务，即便这样意味着时间比原先预测的更长。卡塔尔航空公司 CEO 阿巴克·贝克尔（Akbar Al Baker）坚持只有最完美和极致地关注细节的产品才能赢得他的信任。在空客首次向卡塔尔航空公司推销最大的 A380 客机时，贝克尔没有接受。这款飞机存在某些装饰方面的不足，在他看来这是不可接受的；他会认为这款飞机是完全不可靠的。

要素五，声誉

最后也是最重要的关键因素就是声誉，它是考量信任的关键要素。特别是在注重面子的文化环境中（比方说亚洲和中东），声誉在评估个人可信度方面是非常重要的。在这方面，我时常会发现与某些同事之间存在巨大文化差异。对我而言，在考量是否信任他人时我最在乎的两大因素是亲和力以及可靠性，但对不少来自其他文化背景的同事而言，个人声誉可能比亲和力和可靠性更为重要。尽管某人的声誉会被不满的属下或竞争对手恶意抹黑，我的同事仍希望搞清楚个人声誉将如何影响别人对他的信任，特别是在亚洲等地区。

对北美地区的不少公司而言，与从未听说过的新兴创新企业合作绝不是个问题，只要新兴企业有能力和实力兑现承诺就行。然而在世界其他地方，大多数公司都很难克服心理障碍去选用不出名的新卖家。没有声誉对其而言意味着风险程度的增加。这个从没听说过的团队在压力下会有怎样的表现？他们能保持多长时间？他们认识谁，曾为谁工作过？

亲和力、个人能力、意图、可靠性和声誉这五大信任因素几乎在全球任何个人、组织和团队中都有所体现。差别就在于这些因素对个人、文化和相关团队的重要性并不相同。花一点时间想想你在哪种情况下需要信任某个人，然后给五大信任因素排个顺序，根据就是影响你信任某人的重要性。如果你是团队的领导者，那你可以要求团队成员将这五大因素按重要性排一下序。或者给团队每个人 20 票，让他们按自己认为的重要性对每个因素进行分配，这样会有助于在多样化团队内部进行有益的对话交流，以便弄清楚团队成员的不同需求及每个人对信任的侧重。

》》五大信任因素

在考量信任时人们总是会围绕五大因素。这类因素如何决定你信任某人的程度与具体任务、你的个性及你所属的文化环境都有关系。不妨想一下你正在处理的创新项目，根据你对他人的信任情况，为以上五大因素的重要性进行排序：

☐ 亲和力　☐ 可靠度　☐ 个人能力　☐ 声誉　☐ 意图

虽然信任贯穿于团队合作的所有阶段，但在构建 / 融合阶段最为关键。鉴于多样化团队的成员缺乏构建信任关系的基点，所以必须从最初就有意识地解决这个问题。如果开始就没有充分的信任，那么团队成员可能不愿意彼此分享关键信息或承受依赖他人所带来的风险。注意，本章讨论的多数信任因素都是在团队正式运作前必须建立的。不过，在整个创新过程中，它们都应该得到持续考虑，因为人们不可避免地会回到信任的起点。在冲突出现时，人们习惯地开始站队，这种小圈子的形成将导致我们不信任那些与自己不相似的人。显然，如果失去信任，创新过程就会被破坏。

在多样化团队中建立信任的4项措施

领导者须以两种方式提高建立信任的能力。首先，需要获得不同文化背景成员的信任。在某些文化中，信任主要是通过领导者的正式职位获得的。在另一些文化中，领导者最好可以通过彰显个人能力以及与人交流的方式来赢得信任。

其次，全球领导者必须在团队成员中建立信任关系。团队成员个人的文化背景和个性会影响参与者对5大信任因素的侧重。因此，这就需要文化智力策略，也就是让团队成员觉得自己可以与其他成员交流联系。团队领导通常把主要精力放在协调任务与结果上，将之视为创造团队精神的唯一驱动力。不同分工和文化背景的差异虽被忽视，但却仍未消失；它蛰伏在背后。人们仍然没有觉得大家是一个团队，因而不愿意更进一步地接触彼此。结构本身不会自动造就一个团队。虽然文化有所不同，但组织可以创造双方的信任和关联感，进而拥有明显的竞争优势。

下文是适用于多样化团队建立信任关系的可行方法。

措施1，利用团队内偏见的力量

团队内偏见有一个很突出的特点，那就是很容易会被触发。亨利·泰弗尔（Henri Tajfel）发现了所谓的“最小团队程序”；这是一种经验性技巧，使人们基于最小信息就可以将从未见面的人划分为不同群体（例如偏好某类画作，团体内每个人都参观过的地方甚或抛硬币决定）。泰弗尔发现团队内几乎任何差异都可能导致团队内偏见；即便这种差异只是随机发生的，例如“绿色团队”与“蓝色团队”。

领导者需要尽快赋予团队成员一个独特的身份。我在演讲时都会审慎地使用这个方法，尝试找到与观众的某些共同点，然后明确区分团队内的人员和不属于团队的观众。这项工作需要相当仔细，否则就可能破坏文化智力，诱发不健康的区分“我们与他们”的心态。只要能成功创造出你们在同一战壕的感觉，就会让你在指出团队存在的某些潜在盲点时有更大的说服力，而不仅仅只是以局外人的身份提出疑问。一旦人们觉得我是“其中的一员”，他们就会以当事人的角色指出我们在处理文化智力和全球领导力方面需要改进的地方，而且其方式将更加开诚布公和友好。

越是强调避免竞争的文化环境，你在团队中使用上述技巧时就越要力求精准明确。对于“闯入”团队内部，尝试建立全新纽带的人，其他人会本能地抗拒与怀疑。不过，考虑到我们在潜意识中总会偏向于“类似”的人，因此可以通过强调整个团队的共同点来建立成员间的亲和力。

措施2，建立团队能力

在团队围绕共同点建立了纽带关系后，团队必须具备充分的能力去完成任务，只有这样才能维持相互信任的氛围。这点源自于“团队效能”（group efficacy），它的数值取决于团队每位成员认为团队针对任务要求所能执行的程度。构建团队能力的前提是你已经把一群人捏合成了一个团队。同时自我效能也很重要，它意味着个人认为有能力完成任务的自信。团队和自我效能都是文化智力的重要组成部分，如果对个人能力没有自信的话，团队成员就难以坚持克服在多样性的环境中工作和沟通时不可避免的挑战。

寻找适当方式确定你所在团队最具代表性的技能和视角。创建某些只有团队共同协作才可能实现的短期、可控的任务。随后建立工作流程，它一定要能反映出团队成员各自的能力和专业背景。

在领导者利用文化智力方法充分挖掘团队成员的特长并通过合理匹配而增加协同效应后，团队就逐步建立起了共同的能力。如果团队没有共同能力，团队成员就会默认个人喜好和自身文化环境中的价值观。团队的个人主义者最可能将高产、独立自主的团队成员看作是团队最有能力的人。不过，集体主义者却更可能将努力完成共同目标、协调合作并致力于达成一致意见的团队成员看作是最有能力的人。事实上，最有能力的团队是将自主独立精神与共同努力实现同一目标的集体主义相结合的团队。想要推动团队实现成功，如果没有这两点，是不可能达成的。

措施3，发展团队成果

下一步，培养团队对获得成果能力的自信。换而言之，也就是团队潜力（group potency）——团队每个人对团队能交付成果的认可程度。潜力得分高的团队将会被长期与之合作的职业经理人视为高效团队。

团队效能（对团队能力的自信）与团队潜力（自信团队可以实现结果）相关却不尽相同。在学校老师中，团队效能意味着他们具备的必要技能，只有这样才可能有效教导学生，而团队潜力却意味着他们认为自己的努力将会帮助学生成功完成学业。你可能认可老师的能力，但如果没有充足的预算或高效的行政管理体制，那么你可能就不太确信具备技能的老师可以成功实现目标。团队效能和团队潜力对建立和维持信任而言都是重要的。

初期可以创造某些小胜利，这能让团队体会到在没有共同合作的情况下，有些事不可能取得成功。定期进行反馈，保证目标是可衡量且具有挑战性的；为了激励团队成员，目标不能难度过大，导致团队最终失败。当任务的不确定性很高的时候，运用文化智力可以帮助团队强化相互依赖的关系。团队成员越是注重集体主义，信心就越重要；要使团队成员确信有能力实现你所制定的目标。

措施4，创造心理安全感

良好的团体氛围能使其成员产生安全感。在此氛围中，团队成员不会觉得不适，他们还确信自己即便说出某种想法也不会得到负面评价或被嘲笑。这点对多样化团队打造信任环境，进而追求创新而言至关重要。在具有心理安全感的环境中，不同文化背景的团队成员可以围绕创新想法合作，而不是围绕着自我保护进行协调。在需要紧密合作的团体中人们对心理安全的诉求非常类似。在某些文化中，领导者通过精准地掌控团队系统的输入和输出来塑造心理安全感，他可以通过包容并树立开放和试错的榜样来做到这一点。在另一些文化中，领导者可以通过展现实力、个人自信和高成功率来形成安全感。心理安全感使成员确信团队伙伴不会因他们说出个人的想法而嘲笑、否定或惩罚他们。

航班飞行员之间通常缺乏心理安全感。如果实习的年轻飞行员认为机长和副机长可能存在严重的误判，在没有心理安全感的情况下，她可能考虑到个人地位低而不会发表任何意见；如果她所成长的环境存在社会等级，那么就可能始终都这样做。由于她经验不足，因此机长会在每次飞行中对她进行评估。尽管3名飞行员在驾驶舱里都被视为独立的存在，但是对上级长官表明观点会产生重大的情感成本。年轻的飞行员选择保持沉默，即便可能会以她的生命为代价。预期的惩罚或被忽视的不适感会扭曲她的判断。

为了创造心理安全感，文化智力领导者应该努力缔造一种团队文化，它能保证成员之间基于某些共同的价值观和商定的实践原则建立信任。领导者需要有意识地让居于主导地位、权力更高的成员少发表意见，而让那些不太可能发表意见的成员说出自己的意见（具体会在第7章详细说明）。总而言之，心理安全感有助于更有效地利用团队多样性，进而获得好处。

小结

不少组织花费大量资金邀请顾问和协调员指导头脑风暴和战略规划的创新过程，但如果团队成员不相信彼此，再好的协调员也帮不上什么。文化智力创新源于信任的环境，只有在这个环境下，多样性不是负担而是资产。

如果与我们一起工作的同事都来自不同的文化背景，那么文化差异造成的模糊性和不确定性就会使人产生焦虑感（高不确定性趋避）。在我们彼此日常交往时，这不是大事。然而，当同事第15次请我确认下一步的行动时，我就不禁在想：你为什么不信任我呢？同时，如果我提供的解释和回复不太详细，他们就会想：为什么你不能提供更全面的计划？我能相信你可以胜任吗？

信任从积极的意图开始，当你面对似乎不同寻常或不明就里的行为时，要首先假设最好的情况，并尝试理解行为背后的寓意。我们肯定需要经过一段时间才清楚不该信任某人。某些人不可靠、能力不足，不能相信他的意图。不过，尽管如此我们也不能鲁莽作出判断，特别是在涉及文化差异的情况下。

信任的力量

在我们与不同文化背景的同事和用户建立信任关系时，了解哪些因素会发挥作用，以便接纳成功创新所必须面对的风险。

环境评估			
我清楚哪个信任因素对不同文化背景的同事和客户最重要。	强烈反对	有点同意	强烈同意

DRIVEN BY DIFFERE

第二部分

文化智力创新的5D过程

How Great Companies Fuel Innovation Through Diversity

ICE

如果工作环境中已存在第一部分所提及的各种因素，那么文化智力创新就很可能出现。这些因素包括：集中注意力、视角获取、专注、空间和信任。它们为文化智力创新打造了理想的生态系统。在环境形成后，你需要管理文化智力创新的过程。不少关于创新的书中都提到过这些步骤，例如定义、构想、测试。不过，我们不是要重述这些步骤，而是要探讨如何针对不同背景的参与者和用户调整这类步骤。

- **定义（第6章）**
- **构想（第7章）**
- **决定（第8章）**
- **设计（第9章）**
- **交付（第10章）**

本篇的每一章都会说明每一步骤在5D过程中的重要性以及多样性对管理过程的影响。每一章都以“融合实验室”板块结束，列明多样性推动创新的指导实践。

5D过程与执行创新项目的多样化团队最直接相关。突破性创新几乎不可能来自于个体独立行动。乔布斯、爱迪生和马云的创新都是团队不断尝试的成果。除此之外，因为这是关于如何利用多样性提出创新解决方案的著作，所以在执行5D过程中，需要利用不同背景、经验或观点的相互作用。一般它们会表现为人员在进行互动的过程中出现的想法，这通常会在团队多样性的环境中出现。某些人可能与整个团队共事已有相当长的一段时间了，而另外一些则可能仅为了具体项目召集而来；还有一些可能是不同背景的个人构成的松散组合，只为你的创新提供非正式的意见。5D过程的不同部分也包括你如何与国内外不同消费者或合作者共事。它提供的大多数策略和实用方法都是以多样化团队为对象的。当然你也可以根据个人情况和实际环境进行调整。

06

定义

我们究竟要干什么

THE PROCESS OF DEFINE

阅读地图

DRIVEN BY DIFFERENCE

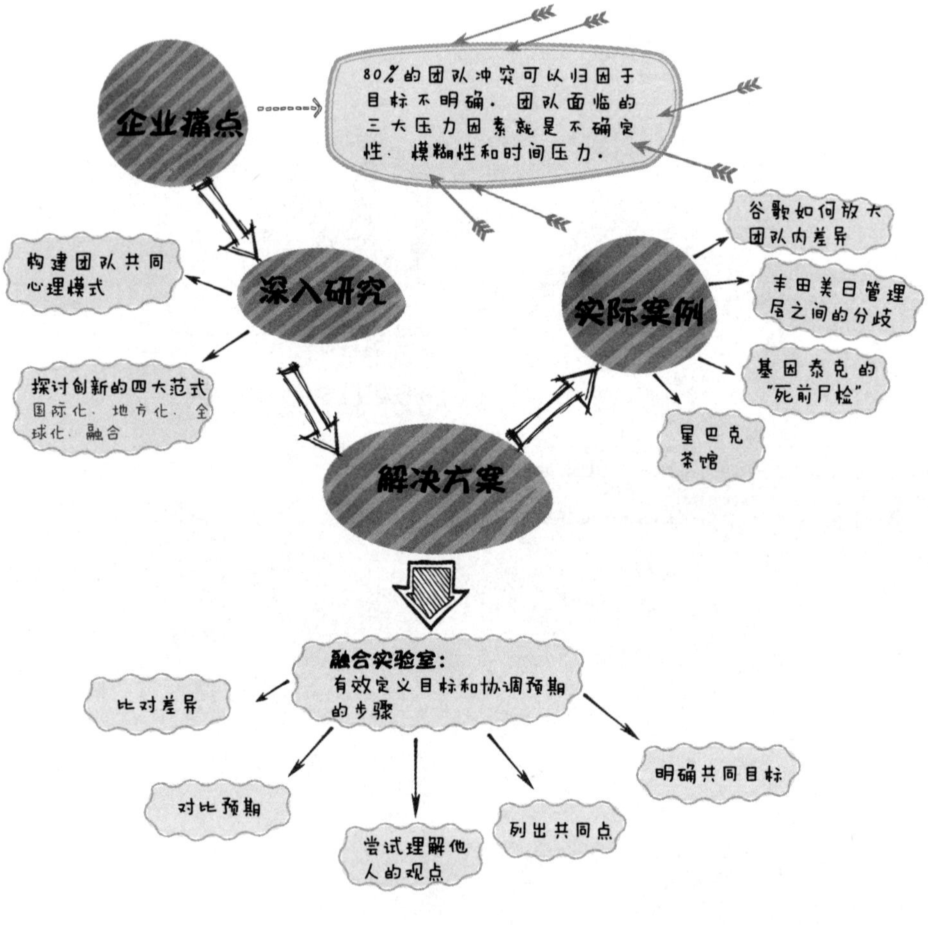

定义 06

我们在文化智力中心的团队近期携手《财富》世界50强企业开发了创新全球领导力项目。他们的目标相当明确：创建专注于公司新领导力项目“像企业主一样行动”。该项目将帮助领导者像企业主一样思考和行动，它一推出就立刻引起了我的共鸣。我的商业合作伙伴和我都希望团队可以以所有者的态度来做出决定和融入角色。

与《财富》世界 50 强公司举行的首次会议之所以能够成功，完全是因为人们对该项目目标的孜孜以求：创建专注于帮助领导人“像企业主一样行动”的创新方案。不少参与者明确表示有一点很重要，那就是保证公司的领导者视自己为公司利益攸关者。不过，在最开始时，十几个参与者跑到我面前说：“你能不能跟我们的同事解释一下，像企业主一样工作不一定对所有地方都代表同样的意思。”其中一人表示：“我的团队在曼谷，企业主通常是整天喝酒、打高尔夫、偶尔去公司办公的人。”不管她描述的是否准确，都反映出不同人对所述的客观对象的理解并不一样。如果关于“像企业主一样行动”的寓意有着完全不同的预期，那么就不可能为培养领导能力创建创新性项目。我与团队其他人分享了这个意见，于是大家又重头再次考虑“像企业主一样行动”的真正含义。

多数跨文化挑战的起点就是预期冲突。一群人认为是诚实、直接的，另一群人则可能认为是虚伪、目光短浅的；某个文化背景的个人认为是恭敬有礼的，另一个则可能认为是粗鲁无礼的。

想想你所在团队的情况，可能是工作团队、志愿者委员会或是运动队。你对团队成员有着什么样的期盼？他们对你又有什么样的期待？团队每个人对首要目标的理解相似程度是多少？如果你问每个人团队试图实现的目标是什么，你会听到什么样的答案？一旦你创建出文化智力创新的环境，创新过程的第一步就是协调关于共同、目标的不同预期。

目标越清晰，团队越有凝聚力

明确规定目标是任何创新过程的第一步。不过，团队多样性程度越高，花时间保证每个人理解目标就越重要。目标可能听起来直截了当，比方说提出创新方案帮助领导者像企业主一样行动。然而，跨越不同文化努力提出创新解决方案时，就需要花费额外的时间和精力来创建共同心理模式，以便每个人都能理解目标。

比方说，日本丰田制订的长期目标就是节约成本，甚至到了精打细算的地步。随着市场逐渐国际化、公司内部人员多样化，对于有效控制成本的含义可能存在截然不同的预期。不少加入丰田的非日本领导者认为节约成本包括在经济下滑时期进行裁员，但实际上丰田高层完全没有这层意思。丰田的日本决策层不会因为短期经济衰退而急于辞退任何员工。即便是在经济萧条时期，丰田节约成本的长期目标仍与保护和培养人才直接相关。

密歇根大学的杰弗里·莱克（Jeffery Liker）曾采访过丰田汽车公司在肯

塔基州的地区总裁张富士夫（Fujio Cho），并且问及管理美国和日本制造工厂的差异。尽管两个丰田工厂的选址目标都是相同的，制造高品质车辆，尽可能降低成本；但张富士夫表示他在美国的首要问题就是让团队领导人停止流水线生产。美国团队认为成功生产的表现就是流水线从未关闭。张富士夫给团队领导者发送了下列备忘录：

> 如果你没有关闭流水线，就意味着你没有问题。实际上所有制造工厂都有问题，所以你肯定是在隐藏自己的问题。请取出一些库存，让问题凸显出来。虽然需要关闭流水线，但可以继续解决问题，甚至更高效地制造更好的引擎。

如果目标是降低成本，那又意味着什么？如果你坚持领导人要像企业主一样行动，你希望完成什么样的任务？领导人如何最有效地协调多样化团队成员的预期？随着越来越多的组织采用矩阵结构（领导力没有明确定义），明确规定目标也比以往更加重要。下面就是需要考虑的某些重要事实：

- 80%的团队冲突可以归因于目标不明确。
- 团队面临的三大压力因素就是不确定性、模糊性和时间压力。

全球在持续创新方面最成功的公司就是那些预先花更多时间制定具体目标和策略的公司。团队的每个人都要能够回答当前创新项目的 5 大问题（何人、何事、何因、何时及如何），即便这个目标是上级单方面下达的，整个团队处于指挥与控制的环境中。真正的文化智力创新过程都是从投入时间和空间帮助不同参与者真正理解目标开始的。每个参与者应该以书面描述成功实现目标的状态，以此了解大家对目标的预期如何。在协作程度更高的情况下，团队本身就可以解读和明确目标。

一项研究发现，团队成员对所需完成任务的明确度是多样化团队是否表现出色的最关键因素。待解决的问题或难题越明确，不同背景的参与者所发表意见的质量就越高。**对任务具体情况描述得越详细，就越能降低多样性产生的混乱。任务本身会修正不同背景的团队成员的个人理解偏差。相比之下，模糊描述的目标或任务会放大文化差异，因为不同文化的成员会利用其所属文化的价值观和规范来解释，进而填补空白。**团队越是多样化，你为定义和明确目标所需投入的时间就越多。

此外，在建立共同心理模式后，团队成员的压力会变小，为压力过多的成员提供帮助的空间会变大。对于你努力想实现的联合目标，如果缺乏团队成员对它的共同理解，就不太可能出现这种情况。如果你们对问题没有达成一致意见，就不可能进行协作。

路线图，新时代四大创新范式

探讨哪种跨国合作关系范式能最好地体现你所希望发展的关系以及它如何建立，这是建立共同心理模式的方式之一。谁该适应谁呢？德国人应该适应中国人还是反过来？工程师在设计产品时是否应该尊重销售部门的意见？哪一代人的文化应该成为组织精神的主导？

跨文化工作最常见的范式就是国际化、地区化和全球化。我们将简单地讨论这类范式（因为与推动创新有关），而随后将探讨融合。这是更适合文化智力创新的理想范式。虽然这类范式与组织如何在全球进行创新有着最直接的关联性，但同样也能为如何在国内进行多样性创新提供指导。

范式一：国际化，按我们的方式来

历史上不乏国际化范式的案例；也就是文化A希望文化B采用文化A的行事方法（参见图6-1）。这点在个人日常生活中比比皆是，比方说，戴夫坚持要求哈维尔采用自己偏好的速度和自主性。它也经常可以出现在组织当中，比方说，沃尔玛在德国开店，坚持复制它在美国所采用的同类仓储式大卖场模式，甚至连前门的接待处都一样。

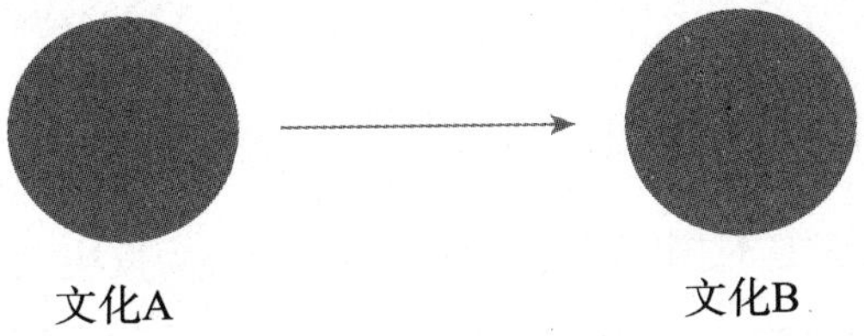

图6-1 国际化范式

殖民化最初就是在国际化范式的基础上建立起来的。葡萄牙帝国坚持要求巴西和莫桑比克等殖民地采用葡萄牙的宗教信仰、教育方法、家庭习俗、食物等。国际化同样也是不少公司在全球范围扩张的范式。就传统而言，跨国公司会派表现最好的人员去执行海外任务，以保证海外经营由熟悉国内运营方式的人员负责；这种方式追求的目标就是“符合伦理”与“高效便捷”。

关于外国政策、国际业务、全球扩张和海外慈善事业的多数批判建议都认为，“以我们的方法行事”的强势思维存在很大的不足。我曾进行过大量研究，以便观察和解释这个模型的缺点，特别是其在慈善志愿者事业及其他国际项目中存在的缺点。

另一方面，对某些创新者而言，国际化方法的文化渗入仍不失为一种好选择。每个人都钟情于苹果手机原本的样子；虽然苹果针对不同市场的通信标准会做小的调整，但消费者都希望在伦敦、上海和开普敦能够买到和旧金山市场上一样的手机。依靠公司统一生产的设备和制定的流程，以相同的标准出售汉堡和薯条，这是麦当劳在全球市场上广受欢迎的关键要素。反过来，消费者在任何时候订购麦当劳薯条时也清楚自己可以得到的究竟是什么东西。

国际化范式为创新过程如何展开提供了路线图。研发新产品的团队将遵从主流文化的方法来设定目标和选择实现方式。

范式二：地方化，以你们的方式行事

地方化范式通常是对国际化范式固有不足的自动反应。在地方化范式中（图 6-2），文化 A 认为与文化 B 相处的最佳方式就是，让 B 完全保留自身的文化价值观和做事方法。有时，我会称之为“本土化”方法，即指个人或组织认为最理想的全球扩张方式就是在所涉及的地区实现完全本土化。文化 A 在进入文化 B 时，决定完全适应文化 B 盛行的偏好、价值观和规范，反之亦然。

图 6-2 地方化范式

DRIVEN BY DIFFERENCE 案例

失败的星巴克茶馆

星巴克首次在中国开业时就在一定程度上遵从了地方化范式。公司高调地推出了许多茶类饮料，而放弃了不少浓咖啡饮料产品；咖啡店内部装饰也与中国茶馆更类似。然而，中国消费者却并不喜欢。他们可以轻松找到任何比星巴克更好的茶馆，根本没必要去星巴克。他们希望在星巴克得到独一无二的体验，这包括星冰乐、超大杯摩卡和熙熙攘攘的人群。

我在新加坡时，偶尔会使用新加坡式英语，这是新加坡人彼此交流时使用的方言英语。某些新加坡朋友和同事会在我突然蹦出“OK 啦”或自称为“红毛”时感到很奇怪，因为那是当地人对白种人的轻蔑称呼。我完全没必要使用新加坡式英语，而这可能给人一种讽刺侮辱的感觉。由此可以证明完全适应其他文化并非一定就是最好的。应该根据环境、时机和共同目标，灵活调整适应程度，这才是最关键的。

多数跨国创新都需要融入一定的地方因素；书面材料需要采用本地语言，人力资源政策必须符合当地法规，新产品发布日程必须考虑当地的法定假日和季节情况。当地文化是封闭的还是开放的一定要考虑清楚，这一点直接决定着采取地方化的程序。**封闭文化意味着当地对人们如何行事有具体明确的预期，比如沙特阿拉伯和日本。**行为是适当的还是不适当的，当地也有特定的观点。**开放文化通常就更加都市化；为了吸收不同元素，对于“哪类行为是可以接受的”等问题，这类社会并没有固定教条化的思想。**泰国、荷兰等国家就是开放文化的代表。你完全可以按自己的意愿行事，只要不侵犯他人的权利就行。

不论是在个人层面还是在组织层面，对地方文化的某些适应调整都能产生非常好的效果。不过，如果过度，就会降低你能提供的特殊价值。或者更糟糕的是，因为自己看起来太努力尝试而使人觉得你在用讽刺攻击别人。文化差异本身可能正好让你的产品或服务成为某种新事物，从而对其他文化产生十足的吸引力。

范式三：全球化，寻找方法交叉处

在最近所传授的跨文化管理模型中，全球化范式越来越受欢迎。通常它也是比国际化或地方化更好实现文化智力创新的方式，因为可以集各种文化之长。如果把全球化范式想成维恩图，那么多种文化重叠的部分就是目标或利益点之所在（图 6-3）。

图 6-3　全球化范式

运用类似的方法，不少全球品牌都成功地找到了新方式，既能维持其核心品牌形象又可以适应地方品味。麦当劳虽然对快餐体系和品牌采取了国际化范式，但在菜品方面却有所保留。麦当劳在印度不出售牛肉汉堡，而在德国则会供应啤酒及其他与全球多数地方相同的菜品。中国的肯德基一般就餐区会比北美地区大，因为中国消费者希望在店内用餐而不是外带，这和多数北美消费者恰好相反。软件公司 SAP 的成功在很大程度上源自其全球综合信息系统，它一方面向消费者供应统一标准的产品和服务，同时在需要时也提供适应当地的特制版本。

全球化不仅是指导公司如何在地方市场进行创新的指南，而且也能帮助颁布更受全球员工欢迎的内部政策。很少有公司会像谷歌一样拥有强大的公司文化，但谷歌仍然主动寻找受其全球员工一致认可的目标。例如，谷歌的长期传统就是员工可以自主选择喜欢的工作场所，而且员工可以利用 20% 的时间进行自主创新，这也是公司组织的核心 DNA。员工会加入他们自己感兴趣的项目；而公司也得到了积极主动的员工，后者发明了 Gmail 和谷歌眼镜等尖端产品。不过，这类实践在亚太地区却难以推行。亚太地区的谷歌员工随着年龄增长，已在社会化过程中磨平了棱角；他们会遵从集体意见、顺从最高层领导的想法。如果没有获得在哪儿工作、如何工作以及创新的更多指示，他们就会茫无头绪。然而，对谷歌而言，完全改变这类做法就意味着清除自己组织文化中最核心的部分。除此之外，某些在印度、新加坡和日本等地的本地谷歌员工表示："我们不希望谷歌采用指令式、高度指示的方法，这跟多数地方公司相比没有区别。他们提供的自主权正是我们愿意为谷歌工作的动力源泉！"谷歌始终在努力寻找利益交叉点，以便追求自己的核心目标。那就是："组织全球信息，使用户以最容易的方式获得最有用的信息。"

尽管全球化范式在多个方面都很有用，但如果涉及的文化越是不同，重叠区域越小，那么其共同空间及实现创新的可能就越局限。是否有其他方式来利用这类差异和相似性呢？

范式四：融合，探索新方式

在团队中创造并维持融合模式，其实最有可能产生创新；它要求充分利用相关差异的长处。多数跨文化合作方法的前提似乎都是只有一种文化或两种文化进行合作交流（也就是在你与来自等级文化环境的个人合作时，采用更偏向自上而下的方法；而在你与利他主义文化环境的个人合作时，可以利用平行、授权的方法）。然而，在实际情况中，21 世纪多数团队的成员都拥有不同的文化背景。因而不是简单的一种文化适应另一种文化的问题，而是许多文化共同相处的问题。这也是创新面临的最大挑战，当然也意味着巨大的机会。融合范式旨在最大限度地降低多样性产生的人际冲突，充分利用其中存在的元化信息。

（参见图 6-4）。

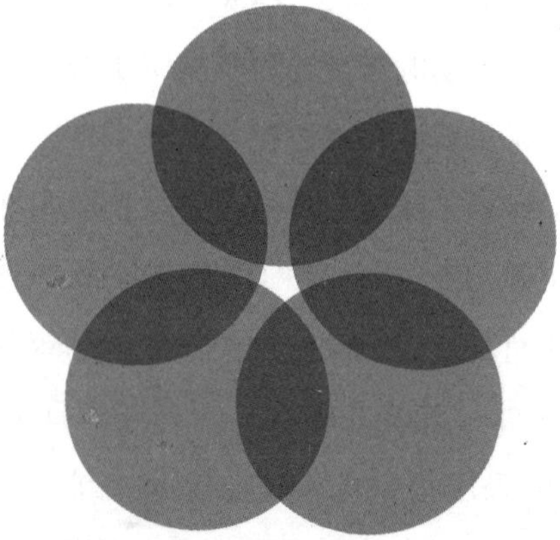

图 6-4　融合范式

融合范式将带来一种崭新的合作方式，它将与任何合作伙伴自己的工作方式完全不同。当然，这种范式需要每个人作出一定的牺牲，才能获得更好的结果。事实上，不同文化背景的人会有不同的起点和做事方法；不论是对国家和民族文化还是对性别、宗教或职业组织的文化而言，这一点都同样适用。**融合并不意味着让每个人和每种文化完全摒弃自身特殊的价值观和贡献，**

DRIVEN BY
DIFFERENCE 关键词

融合范式（Fusion Paradigm）

无国界的融合菜肴就是这个范式的典型隐喻。融合烹饪技巧和食材配料配，同时保留某些特殊的地方口味和传统。不论是洛杉矶的泡菜玉米卷，还是伦敦的培根片配乌冬面汤，最好的融合菜肴绝不仅仅是把所有的食材混合在一起。尽管某些食材仍然保持了特殊性，但是它们将共同构成一道新菜。在目标统一的情况下，创新融合的方式允许不同方法和角度共存。

其实这样反而会剥夺团队多样性这一最大优势。不过，这意味着会有目的地尝试替代性实践方法和政策，进而享受融合带来的利益。

无国界的融合菜肴是这个范式的典型隐喻。融合烹饪技巧和食材配料，同时保留某些特殊的地方口味和传统。不论是洛杉矶的泡菜玉米卷，还是伦敦的培根片配乌冬面汤，最好的融合菜肴绝不仅仅是把所有的食材混合在一起。尽管某些食材仍然保持了特殊性，但是它们将共同构成一道新菜。在目标统一的情况下，创新融合的方式允许不同方法和角度共存。

融合模式本身就根植于悖论。它将创造力与现实主义相结合，有意地通过热烈讨论和发表不同意见来放大差异，而不是简单地关注大家的共同点。融合允许不同文化规范共同存在，并乐意每个人在保留个人偏好并与团队一起完成超越。某些规范适用于完成特定的目标，而另一些适合其他目的。比方说，让个人主义者可以行使最适合自己的自主权，远好过指责他们不适合合作。通过咨询个人主义者的意见，可以帮助团队中的每个人发挥积极主动性；它还能使我们从个人层面思考大家都在想的问题：如果我们这么做，那这个项目对我们而言有什么意义？同样的，将集体主义者视作团队合作的润滑剂，远比以个人主义的视角将其看成推卸责任的人要好。团队中的集体主义者是帮助团队就共同目标达成一致意见的理想选择（参见表 6-1 可了解更多例证，其中某些会在后面章节具体讨论）。

表 6-1　　文化价值观的融合

个人主义	**集体主义**
强调个人目标和权利	强调集体目标和关系
√个人主动	√确立一致意见
低权力距离	**高权力距离**
强调平等性；共同决策	强调地位的差异性；高层决定

续前表

个人主义	集体主义
√自下而上的意见	√自上而下的干预
低不确定性趋避	**高不确定性趋避**
强调灵活性与适应性	强调计划与可预测性
√意外机会	√审慎思考策略
合作	**竞争**
强调协作和后天行为，以获得结果	强调竞争、魄力和成就，以获得结果
√社会公益	√结果
短期	**长期**
强调即期结果（当期成功）	强调长期结果（后期成功）
√即期实用性	√长期可持续性
低语境（直接）	**高语境（间接）**
强调明确沟通（词语）	强调间接沟通（语调、语境）
√明确过程	√全面理解
存在	**行为**
强调生活质量和明智工作	强调生产力与完成目标
√履行和福利	√生产力与速度
普遍主义	**特殊主义**
强调规则；适用于每个人的标准	强调具体化；基于关系的特殊标准
√全球标准	√地方定制化
中立	**情绪**
强调非情绪化交流；隐藏感觉	强调表达性交流；公开分享感觉
√谈判实力	√温暖与密切关系
单元化	**多元化**
强调时间处理的线性方法；工作与个人生活相区分	强调处理多项任务；可以将工作和个人生活相结合
√及时与专注	√灵活性与自发性

注：表中打√的表示本文化价值对创新融合方法有益的示例。

安德鲁·奥德柯克（Andrew Ouderkirk）是3M公司的杰出科学家，他为公司带来了高达165项专利。融合方法正是其利用全球智慧创新的重要基础。他表示："我发现多样化团队的每位成员都会在单个项目的不同阶段发挥重要作用。比方说，公司的日本同事希望我们美国人可以共同参加客户会议，因为我们可以自由提问，而他们不能。而如果我们需要非常详细的数据或信息，德国或亚洲的同事就是最好的选择。"奥德柯克认为在他推动3M成为全球最具创新性公司的过程中，这一点扮演着关键角色。

DRIVEN BY DIFFERENCE 创新小贴士

四大创新范式该怎么用

- **国际化**：在海外建立办事处，从本国派遣人员去管理运营，聘用和培训当地人员，以在本国成功使用的方式进行。
- **地方化**：与海外合作商建立海外办事处，保证管理、人员和工艺都完全本土化。或者寻找海外已有的工厂作为供应商，让人员以自己的方式行事，但须明确可交付成果的情况。
- **全球化**：建立海外设施以及收购海外公司，扩大全球业务。制定矩阵结构，实现信息技术、人力资源等相同功能的集中化以及允许具体地区的生产工艺保持独立自主性。
- **融合**：利用任何上述扩张方法（建立新场地，与已有的供应商合作，或收购一家地方公司），明确相关合作商之间存在的所有资源、联系和可能性。花时间找出相关文化和地区之间的核心差异，进行差异的SWOT分析（优势、劣势、机会、威胁）。寻找利用差异的方法，实现更好地整合。

融合是从最高层领导开始的；来自各个地区的领导者有意识地寻找合作机

会，进行某些在单一背景下的团队不可能实现的事项。总部人员可以派往海外，而海外人员可以担任总部高职。领导人不仅要有本地的专业经验，还需有全球敏感度。它可能会完全摈弃“总部”这个概念，也就是存在一种共同文化超越所有办公地点的地区差异；当然，它仍会视多样性为共同组织的重要特征。

有效定义目标和协调预期的步骤

对创新而言，融合范式具有最大的潜力。我们将在本书余下部分具体探讨融合方法对全球创新的意义。协调预期的关键就在于决定哪种范式能最好地反映大家共同从事的事情，有时国际化、地方化或全球化可能最适合完成你所尝试的任务；不过，在可能的情况下，为了充分利用自身的多样性，不妨试着依靠融合范式寻找更具创造力的解决方案。

第二部分的每一章节结束，我都会给出一些实践指导意见，以帮助读者更好地利用文化智力创新的融合范式。相比于强调如何实现两种文化合作的传统跨文化方法，这类策略更适用于融合了多种价值观和多种文化背景的团队以及项目。

融合实验室首先需要考虑的是共同目标和协调预期。在所有人对目标的内涵持有相同理解前不能改变任务。充分借助团队多样性从各个角度解析目标。在追求文化智力创新时，“我们所在的就是我们从未到达的”。下文是多样化团队在定义目标和协调预期时适合使用的实践指导。

步骤1，比对差异

史蒂芬·柯维（Stephen Covey）曾写道：“对与你观点不同的人，最好的反应就是对他说，你不同意？那我想听听你的看法！”这点可能有点违背人类的本能，因为我们天生就更喜欢信任那些与自己相似的人并与之合作。不少与谈判协商相关的著作都强调寻找一致点和共同利益，这也是图6-3所示的全球化范式背后暗含的原理。不过，文化智力创新坚持最大限度地探索和利用差异，而不仅仅局限于观点一致的领域。克里斯坦森表示几乎所有能引起轰动的想法都具有某种突破性，它总是存在于不同观点的交融和奇怪的联系中。多数公司存在的主流、同质性思维方式永远无法产生能引起轰动的想法。而分歧和差异却代表着获得新见解的机会和学习新视角的可能。

明确每位团队成员的多样性因素。创建成员名单并标出每位成员对团队最有意义的多样性因素。首先要从与合作方式最相关的两类多样性因素入手：明显的差异和弱势群体。考虑其他多样性因素也很重要，例如个性风格、技能和之前所在的行业。衡量五大信任因素对每位团队成员各自的重要意义（第5章）。

不少与我合作的公司会使用文化智力中心提供的文化智力评估服务。该服务不仅会对每个人的跨文化技能水平给出相应的评定，而且也会简单地揭示其文化价值定位。团队将创造一系列个人文化背景档案，而每个人会将它贴在桌子旁，清楚地提示团队其他成员自己能为团队带来的不同价值观和定位（图6-5是上述系列的节选）。

图 6-5　比对文化价值观

步骤2，对比预期

第二步就是对比大家对所需完成工作的各自预期，并列明一系列成功结果的标准清单。哪种方法更适合达到目标？寻找要求不同团队成员提供意见的方法，以便听取更多的观点，而不仅是口头的、主流的想法（关于如何获得的更多意见参见第7章）。

在该阶段需要避免尝试说服彼此。我们想做的就是理解存在的不同预期。邀请别人发表不同意见，听取和努力理解他人的观点。鼓励奇思妙想，推动形成适当的环境，尽可能多角度地开放考虑最终目标。一定要把相反意见开诚布公地表达出来，而这就需要每个人的文化智力发挥作用。因为每种文化都存在表达相反意见的恰当方式。切记，不要忽略获取不同预期的价值。

基因泰克是罗氏医药旗下的企业，它的某些研究团队一直在采用“死前尸检”。在新药临床实验一开始，每个团队成员都被要求想象未来两年的情况以及临床试验完全失败的情况。药物如果没有效果就无法进入市场。团队需要预测为什么会失败。预测失败不仅让团队可以采取预防性措施，而且会揭示不同团队成员的目标、优先事项和对成功与失败的定义。如果团队采取独立小组制，就要对比每个小组不同的反应。

DRIVEN BY DIFFERENCE 关键词

死前尸检（pre-mortem review）

基因泰克是罗氏医药旗下的企业，它的某些研究团队一直在采用“死前尸检”。在新药临床实验一开始，每个团队成员都被要求想象未来两年的情况以及临床试验完全失败的情况。药物如果没有效果就无法进入市场。团队需要预测为什么会失败。预测失败不仅可以让团队采取预防措施，而且会揭示不同团队成员的目标、优先事项和对成功与失败的定义。如果团队采取独立小组制，就要对比每个小组不同的反应。

你也可以利用相反的方法。要求你的团队想象一下未来成功的景象：花费10年时间获得成功，因个人创新所完成的工作而获得奖励；获得奖励的个人会对创新结果说些什么，最终实现的结果是什么？邀请每个人单独写下对未来成功的个人看法，然后再将成员看作一个整体。在关注差异的同时千万不要忽略反复出现的主题。

步骤3， 尝试理解他人的观点

在进行差异比对并且表达个人的不同预期之后，你不妨尝试去理解一下他人的观点。暂时抛开个人预期和喜好，询问每个人的观点，了解其他人的意见，特别是以不同于自己的方式看待目标或项目的人。要求每个人进行角色扮演，设身处地地尝试理解。比方说，要求凯特听取拉维的观点，让她与团队分享自己认为在该项目中拉维应该承担的最重要的事情。拉维的预期和关切是什么？然后再让拉维说明凯特是否准确地理解了他的观点。反复实行这个过程，直到拉维掌握凯特的观点为止。

对某些参与者而言，投入时间达成双方共识似乎与手头任务无关，但这是协调预期和定义目标的关键部分。最初花费时间体会和理解彼此是一种战略性措施，它能帮助团队更有效地挖掘潜能。你越是能从不同角度理解团队，你就将越好地预测潜在用户的不同价值观和预期。

步骤4，列出共同点

在放大差异后，再去寻找大家的共同点。从明显的开始（例如所有人都为同一个组织工作，所有人都服务于同一个创新团队），然后探索可能轻易被忽略的其他共同点。比方说，寻找教育背景和先前工作经历的相似点，或者某人（或没人）出生于你目前居住的地方。别忘记某些与工作无关的相似点（孩子同岁，共同的爱好、最喜欢的咖啡店等）。设置5分钟计时器，了解团体可以提出多少成员之间相同的地方。这点有助于培养团体感，而且你可能会从共同的特殊相似点中找出某些隐含的创意灵感。然后从大家的共同点出发，讨论任何潜在的盲点。比方说，如果你在为清理浴室设计新产品，但团队成员中没人清理过自己的浴室，那么就必须决定如何弥补这个不足之处。

步骤5，明确共同目标

最终，为即将进行的创新制订共同目标。你希望每个人都把这视为是自身的事情，同时也要将目标视为任何个人都无法完成的更大事项。团队融合最好的标志就是将目标视为“我的”和“我们的”。

最后要将目标浓缩为一句话，并在团队成员之间达成一致。在取得一致前不要推进任何工作。描述成功实现目标的情况，再次回顾之前分享的不同预期及探讨如何解决这些问题。通过上述步骤将得到每个人的共同目标。

乔治·多兰（George Doran）认为目标应该保证SMART（明智）：具体化、可衡量、可实现、有意义和时间限制。每个人都会受到文化差异的影响。如果某人的背景文化相当注重确定性，那么他所需的具体化程度（S）就与更适应模糊性的人有所不同。可衡量问题(M)、可以实际实现（A）的预期以及目标是否有意义也同样以文化为前提条件。就研发周期（T）以及对该周期的灵活度预期也应该达到一致，并且最好设置一些里程碑以及最后期限。截止日期也是不少跨文化团队面临的最大挑战。核心目标一定要与每个人分享，而其细化的方式却可以反映各自的文化差异。从不同角度看待目标，你就能最大限度地利用文化的融合。

DRIVEN BY DIFFERENCE 关键词

SMART标准

乔治·多兰（George Doran）认为目标应该保证SMART（明智）：具体化、可衡量、可实现、有意义和时间限制。每个人都会受到文化差异的影响。如果某人的背景文化相当注重确定性，那么他所需的具体化程度（S）就与更适应模糊性的个人有所不同。可衡量问题（M）、可以实际实现（A）的预期以及目标是否有意义也同样以文化为前提条件。就研发周期（T）以及对周期的灵活度预期达成一致，并且最好设置一些里程碑以及最后期限。

通过询问不同文化背景的个体如何解读目标，就可以检测团队对于目标的理解程度。比方说，就个人而言，你如何解释“像企业主一样行动”？这样你不仅可以了解到不同的解释，而且可以明确团队是否真的达到了融合状态；一支达到融合状态的团队应该包容成员原有的才能、文化和偏好，并使其超越这一切。

在制订和明确目标时尝试解决下列战略性问题：

- 首要目的和追求是什么？允许在表达的内容和方式中反映个性和多样化观点。
- 这项创新将在哪里使用？在组织的哪个部分以及在哪个市场、环境中使用？哪里将不会有需求？
- 我们的有形目标是什么（比方说：100万美元的赢利，无缝、在线支付系统）？
- 我们的无形目标是什么（比方说赢得各方赞誉）？

了解大家是否愿意推翻现有的解决方案，开发一个更好的。这种无所顾忌的畅所欲言通常在讨论差异时会发生；因为你没有要求任何人放弃他的想法，只不过是要求所有人合作提出比任何个人想法或方法更好的第三种替代方式。

DRIVEN BY DIFFERENCE
小结

美国国家航天航空局的心理学家朱迪丝·欧拉萨努（Judith Orasanu）曾研究过航班飞行员在机舱（总是存在不同的文化背景）中采用的沟通策略。她发现最好的机组成员会在工作量和压力小的时候建立共同心理模式，以准备好应对紧急情况。然后，在工作量、压力和潜在危险大的时候，飞行员会暗中采用之前建立的心理模式来指导下一步措施。机组成员拥有的心理模式以及合作的基本规则越明确，在压力下的表现就越有效率。没有共同心理模式的团队就表现得相对低效。

表现好的团队在紧张、工作量大的情况下比表现差的团队沟通得更少，主要因为他们可以暗中利用在压力小时建立的协调模式。在游戏中，不少团队没有太多时间来明确讨论策略；而游戏越是接近结尾，压力就越大。特别是在比分接近的情况下，绝对是紧张关键的对决。然而，如果没有某些常规策略会议来提出预期、个人责任和计划，那么团队就不太可能取得成功。

在同质化团队中工作时，共同心理模式通常是暗中存在的。在进入创新过程前明确团队的预期和共同理解对他们而言太浪费时间了。然而花时间创建共同心理模式，明确个人目标对每个多样化团队而言却是必须进行的。

定义：我们究竟要干什么

在目标能获得多方认可前，就一直持续讨论下去。

√把你尝试解决的问题清晰描述出来，至少明确3种不同用户对此问题体验的方法。

07

构想

不同想法必须得到充分表达

THE PROCESS OF DREAM

阅读地图

DRIVEN BY DIFFERENCE

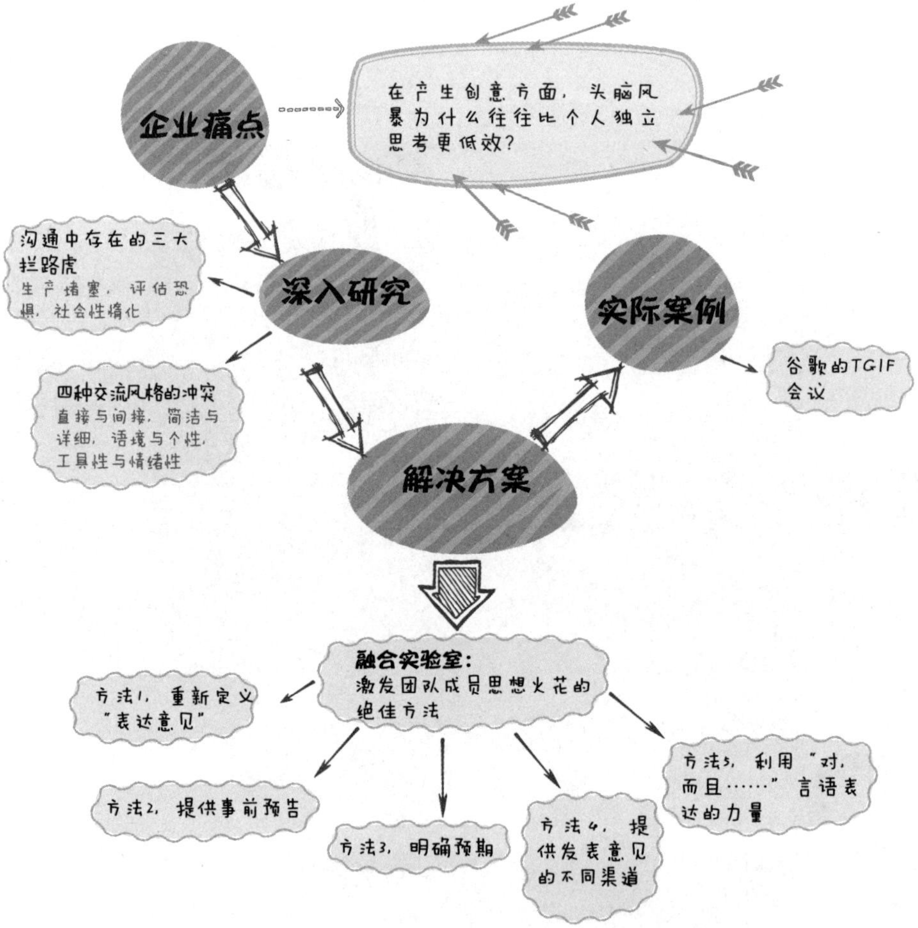

构想 07

齐藤敦是可口可乐公司的一名日本高管，他表示在日本，个人如果直接或独断地强调个人观点可能会引起别人不快。不过，他在20岁首次在美国工作的时候，完全不适应美国的情况。他太关注自己是否犯错，努力保证自己没说错话，所以几乎很少发表意见，也没什么人会关注他。多年后，在亚特兰大分公司时，他已经学会清楚明确地表达个人观点和想法，即便那些想法尚未完全确定。不过，他仍然会在与日本客户举行的会议上先听取不同的意见，然后再发言。

不少西方领导人认为他们在要求团队成员“发表意见”时完全是出于善意，而且确实想得到真实看法。管理层习惯说：“你的意见很重要，我们想听听你的看法。”然而，对齐藤敦这类人而言，被要求发表意见完全有悖于他从小接受的集体主义教育：枪打出头鸟。除此之外，对于不少文化背景不同的团队成员而言，英语不是自己的母语，这使他们更难以自信地说出自己的想法。

多样化的网络所产生的绝佳机会之一就是，可以了解到更多不同的想法。

在面临某个问题时，我们会扫描自己的大脑，寻找曾经搞定过这类问题的解决方案。想法就是创新的圣杯。如果充分发挥文化智力的作用，多视角几乎总是比个人视角能够带来更好的想法。**芝加哥大学的罗纳德·布鲁特（Ronald Brut）通过一系列实证研究表明，掌握更多不同信息来源的人总是能提出更好的想法。相比之下，员工联系越是隔离封闭，他们的想法和后续解决方案的质量就越低。**

然而，团队多样性越丰富，参与者就越不太可能提出个人意见和观点。中国有一句俗话："言多必失。"因此，中国人的潜意识就是：不说话比说太多要好。然而，在不少西方课堂中，学生会因为参与和提供建议而得到奖励，即便其建议可能并不成熟。在哈佛商学院，学生成绩的 50% 与课堂上的发言有关。使多样化团队产生新想法是极具挑战性的事，对此还有人存在任何疑问吗？想调动别人对创意以及对创新执行方案的参与热情，就需要依靠文化智力的方法。必须存在一套规则控制个人的贡献，才能保证其意见不会太多也不会太少。

如何才能有效地保证多样化团队能一起以创造性方式提出解决方案呢？文化智力创新过程的第二步就是学会如何有效地利用最宝贵的多样性资产：关于解决方案的大量思想火花。

为什么头脑风暴失效了

头脑风暴是多数领导者激发团体创意的主要方式。通行的头脑风暴方法往往只强调想法的数量，而不是质量。批判和评估他人想法是不受欢迎的行为。团体得到的消息就是："不管你的想法听起来多无稽，还是应该与大家分享，说不定可以激起其他人的想法。"

即便是同质化团队在利用头脑风暴方法时也经常遇到某些困难。**不少研究表明，头脑风暴在提供解决问题的想法方面，实际比个人独立思考要低效得多。头脑风暴不一定奏效的原因之一就是所谓的“生产堵塞”。**有时候你产生了突破性想法，却因为别人正在说话所以不得不等一会儿再表达。在你有机会分享时，话题可能已经转移，因此你觉得自己的想法已不相关了；甚或你可能因为被要求讨论其他事而完全忘了那个想法。

此外，头脑风暴会诱发“评估恐惧”，也就是担心其他人会对你的想法有什么不好看法。那些弱势群体更可能因担心发表意见的不良影响而不愿提供自己的想法。基本原则就是不要批判任何意见，没人愿意看起来像个傻子。头脑风暴是一种社会情境，其参与者不可避免地去自我揣摩，比如说出自己的真实想法，别人会有什么样的态度。服从、自信和权力都在左右着谁该发言以及该说些什么。在掌握实权、具有影响力的人在场时，评估恐惧的效应会特别强烈。德国心理学家安德烈斯·莫则许（Andreas Mojzisch）和斯特凡·舒尔茨哈特（Stefan Schulz-Hardt）发现通常在头脑风暴中第一个想法最可能被大家一致接受。一般而言，第一个想法都是由最主动、甚至是最具权力的参与者提出的，结果服从迅速将多视角借鉴的好处“挤出了门外”。除此之外，多数团体通常只会关注成员一致掌握的知识，而忽视存在的知识差异性。其实，成员掌握的特殊知识也可以为创新带来巨大的好处。

最后，多数头脑风暴环节会存在“社交懒惰者”。这些人清楚其他人会发表意见、侃侃而谈，所以不加入任何讨论；他们通常坐在后排，让其他人来做这项工作。除此之外，某些参与者更倾向于首先让他们独立思考问题、处理问题，这既因为其内向性格又与固有的文化价值观有关。

头脑风暴之拦路虎：

- 生产堵塞

- 评估恐惧
- 社会性惰化

以上情况在任何团队都可能存在，不过在多样化团队中会表现得更突出。

比方说，如果你来自等级文化环境，你的上级在头脑风暴环节请你对她的想法提意见，你本能地反应可能是："老板，那个想法太棒了！"即便你实际上觉得它很可笑。不过，如果你成长于利他主义的文化环境，那你就更可能会告诉上级你的真实想法。显然，你可能会有技巧地处理，避免太尖锐。在利他主义文化中，孩子从小就受到教育，赢得尊重的方式只有提出建设性的反馈，而不是简单地做个"好好先生"。不过，如果你的上级是来自等级文化环境，而你提出的意见与她的观点相悖，那么她会在内心里默认你不尊重人、没礼貌，甚至会不服从命令。

头脑风暴似乎更适合集体主义者而不是个人主义者，因为它是建立在大家有权共享好创意的基础上的。不过，集体主义者通常会觉得自己比个人主义者更难以应对头脑风暴的挑战，因为它与集体主义者强调的和谐、服从和不特立独行相违背。头脑风暴的行为主体其实是个人，它的效果源自个人视角。因此，它鼓励每一个人都提出想法；而且越多不同的想法越好。在美国和德国等个人主义盛行的文化中，独特的想法就是大家趋之若鹜的"奖杯"。个人主义者在社会化过程中明白了独立想法、理念的价值。因此，他们通常很珍惜头脑风暴的机会。全球团队中一般既有个人主义者又有集体主义者，这就要它必须创造一种标准，从而使每个人都能为产生新想法做出最大的贡献。

在引言中，我曾提到自己的同事进行过的一项研究，其结论表明文化智力决定了多样化团队的成员是否会表达个人观点，所以多样性会成为那些低文化智力者的表达障碍。

在文化智力水平很低的情况下，同质性团体会比多样化团队产生更多的想法；而在文化智力水平很高的情况下，后者会比前者提出更具创新性的想法和解决方案。正是文化智力造成了这种差异。如果多样化团队成员的文化智力水平都很高，在文化智力水平同样很高的领导推动下，团队就可以利用每个人的意见和观点。文化智力水平很高的领导和同事不太可能基于某位成员在会议上是否发表意见来臆测他骄傲自大或是能力不足。

事实上，大部分团队成员的文化智力水平都参差不齐。我们随后要解决的事情就是特别的沟通障碍，它们会增大头脑风暴和产生新想法的困难。然后，我们将了解在实践中如何促使多样化团队利用融合方式产生新想法。

拦路虎，如何扫除团队中的沟通障碍

在试图让多样化团队共同提出想法时，沟通显然是急需解决的关键问题。文化多样性会加大个人对于表达意见的恐慌和不确定性。你所表达的内容和方式在很大程度上是由你的文化背景所决定的。文化智力团队需要明确是否存在沟通问题以及其存在的方式。

语言流利度

多样化团队所遇到的首个交流障碍就是语言流利度。对那些使用非母语的人士而言，用另一种语言提出和表达想法都是极其困难的事情；如果再考虑到文化上的诸多差异，那确实就难以承受了。假如你在工作中一般使用非母语，在参加一次会议时正巧被要求就刚介绍的话题分享你的想法，那么在分享前，你可能需要做下面这些事：

- 将问题或难题翻译为母语，保证你能理解问题；想法越复杂，你就越需要完成这一步，即便你在非母语环境中没有任何不适感。
- 利用你最方便使用的语言在脑海中构建问题的答案。
- 将你的答案翻译成提问者的语言。你可能还需要默默地预演一遍，保证表达无误；即便你的语言水平相当不错，但你在构建最具说服力的答复时也可能需要翻译。

在所有步骤都完成后，你终于可以发表个人意见了；但很可能在你没有表达观点的情况下会议已经转到下一个话题了。在此情况下，那些自信的母语者可能彼此侃侃而谈，而只有非常自信、具有魄力的非母语者才能插入谈话。

除此之外，非母语者通常会对团队中母语者之间所使用的俗语和行话感到疑惑。在美国举行的会议中通常有不少对话都会包括下述词语。

"What's up with Jerry."

（杰里怎么了？）

"He's going to be the fall guy."

（他可能是个替死鬼。）

"We are going to get nailed for this."

（我们可能会有大麻烦。）

"I need you to step up to the plate."

（我要你开始行动起来。）

"She runs a tight ship."

（她才是全权负责人。）

如果照字面翻译这些词语会有什么意思呢？在其他语境下会使用完全不同的俗语，哪怕全都是英语使用者。澳大利亚人可能称某人为"像蜥蜴喝酒一样费尽全力”（竭尽全力处理某项任务），而英国人可能说“把真扳手放在工艺品里”（某事妨碍另一件事的发生）。此外，某些组织会有缩略语等行话，指代那些外行人或新手完全不熟悉的前期产品或个人。

好的领导者（及文化智力过程）都清楚团队中存在着语言障碍，而且会努力创造某种大家都能理解的方式。文化智力团队会为不同背景的成员营造安全的环境，使他们在不理解讨论内容时可以大声要求别人澄清该问题。

交流风格

即便每个人都是使用同一种语言的母语者，也同样会有不少其他沟通习惯影响大家共同提出不同的想法。比方说，直接的眼神交流在某些文化中代表着关注，而在另一些文化中则显得粗鲁。某些文化推崇公开表达想法和情绪，而另一些却强调应该避免表露个人情绪。虽然这些可能听起来只是小事，但这类差异却直接影响着团队的人际关系、信任和生产力。关于跨文化交流风格最主要的工作是由威廉·古迪孔斯特（William Gudykunst）和汀 - 图梅（Stella Ting - Toomey）完成的。他们两人发现存在 4 种不同的交流风格。

风格1，直接与间接

直接交流与间接交流的冲突是多样化团队所面临的最大挑战之一。我来自纽约，通常是“有什么说什么”，而我的女儿埃米莉也学会了我的这种直接交流风格。去年，一位有意与我们见面的中国教授邀请我们共进晚餐。埃米莉是个素食主义者，在我们前去用餐的路上，我告诉她应该想出一个礼貌的方式来告诉主人她的饮食偏好。她说：“为什么不能直接告诉她我不吃肉呢？”于是，我们就一路讨论了可能被认为是非常不礼貌的情况，特别是青少年受到主人邀请前往高级餐厅进餐时的无礼做法。我们通过头脑风暴思考在不直截了当地表明埃米莉不吃肉的情况下，如何让主人知道她的饮食偏好。在主人开始推荐特色菜的时候，埃米莉问道：“不知道蔬菜类有哪些推荐呢？”而主人也即刻会意道：“噢，你是素食主义者吗？”

纽约等城市以及以色列、德国等国家的主要交流风格就是口头、明确地分享你的想法。相比之下，中国和科威特等地更典型的习惯则是注重言下之意。在这种情况下，交流中的意思传递通常是由非语言提示和互动背景完成的，即涉及的双方关系、举行会议的地点以及参会人员的位置安排等。这类非口头要素经常被用于传递和解读想法。倾向于直接交流的团队成员通常会认为习惯间接交流的同事想法太少或引入想法的铺垫太长。同时，习惯间接交流的参与者通常会认为喜欢直接交流的同事说得太多，没有给他们足够的时间思考和解读。一名来自北美地区的女士对她在全球以及虚拟团队中的经验这样总结道：“我是一个直截了当的人……我没耐心尝试解读别人的言下之意。而在某些文化中，了解肢体语言是非常重要的。好吧，你怎么通过电话来判断呢？”如果忽略文化差异中存在的直接与间接的冲突，多样性在产生新想法方面的作用很快就会消失。

风格2，简洁与详细

你喜欢简洁、简短的解释还是详细的说明？这是另一种交流风格的差异，而且在一定程度上取决于你所在的文化环境。亚洲儒家文化的规范倾向于更简洁的风格，因为处于这种文化中的个体更关注的是语境和非语言线索，而不是详细的解释。沉默和停顿都是简洁交流中常见的情况。喜欢简洁交流风格的人更可能仅分享他们认为对团队其他人相关和必要的事情。

欧洲南部和拉丁美洲更盛行详细交流的风格，这里的人会对太多的沉默感到紧张；他们认为沉默和简洁是某人不充分参与、冷漠或缺乏自信的表现。详细的沟通要求更注重细节，完整地叙述事情，这同样也是南亚或中东等地的主流方法，并不少见。

简洁与详细的冲突也是在跨职业文化沟通中经常出现的情况。工程师和信息技术专家之间经常使用简洁的风格，这对外行人而言可能有点神秘、有所保留；而销售和人力资源专家通常更喜欢详细的交流。个性差异也有很大的影响。你的交流风格是个性和文化定位的混合产物。搞清楚风格差异的来源（民族文化、个性、职业差异等）其实并不重要，关键还是在于学会如何克服在多样化团体中交流时出现的这类冲突。

风格3，语境与个性

另一种交流风格的差异就是语境与个人。个人的交流风格有助于自己与他人建立彼此之间的关系。团队一般都特别强调平等，而且通常更重视非正式交流。这点可能是西方文化中的常态。某些非正式交流和友好对话能帮助人们更好地相互联系。

不过，在德国等地中，人们通常要求尽量减少对话交流，即刻开始任务。一般而言，最好谨慎对待已被大家概括出来的各种文化规范，通过互动来定夺对于你遇见的个人或团体什么才是最舒服的交流风格。

强烈的个人风格通常在强调个人主义和平等主义的文化中比较流行。讲话者的身份人员、讲话时间以及听取的方式都不是太重要。个人风格未必就只是为了培养友谊关系，它更多是源自一种信仰。当人们觉得可以与他交流想法时，他就应该直率地说出自己的意见。

语境风格更正式且与人们所遵守的社会和组织的不同规范相关。首先等待最高层领导发表意见对于推崇语境风格的人而言极其重要。事实上，在多数偏向语境风格的文化中，人们在与比自己年长或资历更高的人交流时，通常使用特定的代词。英语几乎淘汰了正式的代词“thee”和“thou”，这导致那些成长于注重语境地区的人经常无法开口。因为在与不同团队成员交流时，他们往往会找不到适当的英语词汇来表达自己想说的话。

风格4，工具性与情绪性

古迪孔斯特和汀－图梅揭示的第四种交流风格冲突就是工具性交流风格和情绪性交流风格的冲突。工具性交流风格在西方文化中比较盛行；它存在的目的就是促进任务完成。在其他地方，交流的要点就是为了维持关系，然后在此基础上推动任务前进。这点通常让各种各样的团队感到困惑；因为西方典型的个人交流风格通常是与工具性风格相结合的，所以尽管个人可能相当和善、迷人，然而却高度注重以任务为导向的交流。人际间的对话目的就是为了完成任务。另一方面，北美国家的民众可能会对肯尼亚感到困惑。因为在交流互动方面肯尼亚人通常采取较正式、重语境的行为，而与此同时，在谈及家庭和个人经历方面他们往往采用的却是情绪性风格。

多样化团队产生好想法的过程并不像听起来那么简单，这应该是意料之中的吧？在词语、海报和讨论的背后，也许还蕴含着其他意义。花点时间想想你所在团队的成员。哪种交流障碍与你的团队最紧密相关？这可能是丰富多样性地图的另一种方式。

激发团队成员思想火花的绝佳方法

每个人都想要别人听取自己的看法。团队需要制定相关策略保证文化背景不同的参与者可以通过文化智力的方式来表达个人意见。你可以采用多种实践措施来有效地管理多样化团队产生想法的过程。

方法1，重新定义“表达意见”

尽管不少组织强调每个人“表达意见”的重要性，但领导者必须明确这点的具体内涵。在多数情况下，目标不是让每个人都不停地发表观点，也不是让每个人“感觉”自己是团队的一部分。目标是为了从每位团队成员处收集想法和创意。请务必向多样化团队解释这一点，并定期提醒他们。“发表意见”这个词听起来似乎是一种肯定，你的想法已经发展到了语言阶段。它所强调的就是参与和提供想法。不过其完成的方式可根据融合团队的特殊偏好而有所不同。

在会前要求参会者独立写下个人想法，越多越好。然后让参会者将意见带到会议中，进行系统性的讨论和思考。这种方法会促使不太说话的团体成员发表个人意见，然后将这些想法与那些积极主动的成员所提出的想法放在一起考虑。另一种选择适合更小群体的集体主义者，也就是由小集体先提出意见，然后再统一提供给团体的余下成员。你还可能会要求所有团队成员提前提交自己的意见，以便团队可以在不考虑提案人身份或提案目的的情况下对其进行审核。主办者可以有效利用或升级这类策略。他需要指导团队审核所有上呈意见，关注可能妨碍会议进程的团队动态。

DRIVEN BY DIFFERENCE 案例

多莉系统，谷歌的TGIF会议

TGIF（Thank God, It's Friday）会议从最初开始就是谷歌文化的组成部分。每个周五，团队成员都可以与领导谈论他们面临的任何问题。在加利福尼亚山景城的总部，这类会议通常是由创始人拉里·佩奇和谢尔盖·布林领导的。随着公司逐渐发展壮大，要求每个人提出问题变得越来越难。不仅是人员数量过多，而且有人害怕在这么多同事面前提问。因此，谷歌开发了一个名为"多莉"的系统，这个名字源自《海底总动员》里那条记忆有障碍的鱼。任何不能或不想公开提问的谷歌员工都可以直接向多莉提问。然后，其他人会投票判断这是否是个好问题。问题收到的点赞数量越多，就越会被优先讨论；越难的问题通常会获得更多的点赞。在TGIF会议上，多莉问题列表会显示在屏幕上。当佩齐和布林审阅这些问题的时候，他们不能挑选想回答的问题，而是要从头到尾浏览一遍。多莉是团队成员直接向CEO提出难题的方式，而群策群力有助于排除差的问题。这就是一种能更好地从多样化团队中获取建议的融合策略。

方法2，提供事前预告

让团队事前知道你想要他们提供建议。事前预告不仅能减缓某些人的紧张，他们不喜欢成为焦点，而且所有团队成员如果提前花点时间想一下就可能会有更多的想法。征求想法的团队越多样化，我们就越应该像性格内向的人参加鸡尾酒会一样思考。不少性格内向的人在参加鸡尾酒会前都会做充分准备，他们预演针对不同宾客可以聊到一起的不同话题。整体而言，性格内向的人比外向的人会花更多时间注重过程。这会使你在制订利用文化多样性推动创新的策略时产生溢出效应，进而更好地利用团队不同成员的个性。

对不少个人而言，自愿提供回答可能相当可怕，即便他们真的回答，心里的社交恐惧可能也会降低他们的自信和贡献。此外，非英语母语者将更有机会思考在不加入现场讨论的情况下如何提出更有深度的想法。英语母语者通常会注重迅速决策，不仅是因为他们理解想法的速度快，而且也因为语言本身就以迅速、简洁信息为主。文化规范也影响着决策速度。更注重个人主义、竞争力和短期结果的文化（即注重即期结果和迅速获胜）通常会比注重集体主义、合作性和长期结果的文化更快地做出决定（即注重长期结果，即便可能需要承担短期损失）。

提前发送完整的议程以及所有相关文件。要保持足够的时间使参与者提前思考接到的材料，以便人们有时间明确自己将如何利用会议机会。

方法3，明确预期

如果你希望每个人都提供意见，请明确说明。即便我相当清楚不少个人所在的文化环境从小就教育大家要避免在公众场合发表意见，但我本能的行事方式就是参加会议，提出意见。直接提问："你怎么认为？"这个方法实际对不少参与者都不适用。即便那些乐于发表意见的人如果不清楚提问者是否希望他们加入对话的话，那么他们也可能不会提出任何看法。此外，社会性惰化者可能会退居二线，让其他人来做。

如果每位参与者都需要提供一些东西，那么请确保大家都理解。你可以说："我需要在周五结业前听到每个人的反馈。你们可以在今天下午的会议上提供个人意见，或是面对面跟我交流，或者发送邮件。"

方法4，提供发表意见的不同渠道

想必你肯定多次尝试从分布在全球各地的团队成员处获得意见，但在你通过虚拟手段获取意见时，所有的多样性困难都会放大。尽管如此，虚拟手段还是让你可以及时地从更大范围的群体中收集意见，这点是其他方式都无法实现的。在对待虚拟会议时，要采取和实际会议相同的流程和规划：提前发送议程和相关材料，预计参与和及时出席情况，遵守参会方式的基本规则。下面的具体指导准则很适用于帮助虚拟会议产生想法：

- 有次序地轮流呼叫，以便每个人都可以分享想法。
- 在每次提出建议前审核基本规则（例如发言之外的其他时间都应该关闭麦

克风，不得交头接耳，在发言前说出自己的姓名，不得同时处理其他任务，无社会性惰化）。上述的基本规则总是对某些文化有利，对另一些文化不利。不过，如果你希望采用融合方法，就需要大家在某些基本规范上达成一致。当然，我隐含的意思是允许各成员在参与过程中保留他们的文化偏好。

- 关注哪些人提供意见，哪些人没有提供。如果一个地区始终安静，不妨提前主动规划，获取相关人员的意见（例如提前联系某人，要求大家在参会前提前准备与团体其他人分享观点）。另一方面，你可能需要联络某些最喜欢发表意见的参与者，要求他们在你点名前不要说话。

- 不要将远程和面谈会议相混淆。如果某些参与者独立呼入，那就让每个人都独立提意见，否则就可能出现“会议套会议”的情况。一群人坐在一起可能会自行相互交流，而那些远程呼入的人就不知道到底是什么情况。如果公司组织电话会议，那么这点就特别重要。地区团队通常会觉得他们不过是在公司会议中做个旁听者而已，听别人讨论“最重要”的想法，而不是让每个人都平等地参与会议。

- 保证虚拟会议的焦点集中，时间不能过长。让人们参加任何会议本就是难事，在虚拟情况下这更是难上加难。

- 允许参会者在开始时进行简短地寒暄，活跃会议气氛。

- 针对参与虚拟会议的团队，如有可能，找到“面对面”召开团队会议的方式。建立信任需要花费相当大的精力，而“面对面”始终是产生创新想法的重要手段。

方法5，利用“对，而且……”言语表达的力量

最终，要像一个站立的喜剧演员一样思考。在不表演的时候，第二城市（Second City）即兴表演团体的科林·默里·佩顿（Colleen Murray Peyton）和马克·萨顿（Mark Sutton）主要教授管理者如何利用即兴表演的力量。即兴表演的第一准则就是顺其自然。不要说不。从某个想法着手，再逐步推进。领导力大师

肯·布兰佳（Ken Blanchard）和他的儿子斯科特（Scott）曾参加过默里和萨顿举行的一次会议。在会上，参会者被分为3组，每个组都要规划一场令人难忘的公司酒会。每组有一个人被指定为酒会规划者，任务就是提出关于酒会的新创意。其他两组成员根据指示需要听取每个新创意，但必须否决并且解释原因。

“不”回答的示例

想法：“我们举行一场80年代主题派对吧！”

回答：“不，太多其他公司早就举行过了。”

否定的回答会让提出新创意的人感觉被泼了一盆冷水。即便最有激情的人在自己提出的四五个创意都被否定后，也会选择放弃。在面临完全地否定时，人们都会丧失提出任何想法的能力。

然后，默里和萨顿要求每组轮流扮演不同的角色。每组的一位新人提出创意，其他两组听取。但在这次与直接否定创意的作法不同的是，听取创意的人根据指示要使用更缓和的“对，但是……”这样的回答，再阐述创意没有用的理由。

“对，但是”回答的示例

想法：“我们举行一场80年代主题派对吧！”

回答：“可以，肯定会有意思。但我不认为这跟关注未来有太大的联系。”

这样对提供创意的人而言同样是困扰的体验，在尝试几次却一无所获后他们就会放弃。

最后，两人要求每组再次轮换角色。这次，两组听取创意的人要使用“对，而且……”这样的词语承认、认可观点，并在此基础上延伸。

“对，而且……”回答的示例

想法：“我们举行一场80年代主题派对吧！”

回答：“可以！而且我们可以要求每个人把他认为80年代以来最酷的发明给带来。”

“对，而且……”这样的回答就会有所不同。人们可以更加自由地提出创意。团队就会产生个体无法独立提出的创新、创意方案。会议室内不久就充斥着欢声笑语，击掌庆贺以及任何其他行为，通常你只有在人们真正彼此交流时才可以见到。采取这种方式，成员的高涨情绪和顺利协作都可以体会得到。

不同的文化和个性对“对，而且……”这种回答会有不同的反应，但这绝对是保证融合想法顺利提出的绝佳方式。提出想法的人可能是乐观主义者，积极的态度使他们可以想象不同的可能性和潜力。更谨慎或甚至是悲观的个人会认为这不仅仅是简单无脑的头脑风暴环节，因为“而且”的方式会指导人们提出更多具有附加值的建议，并明确、深入地探讨某种意见。

不少亚洲团队成员已经适应了“对，而且……”这个策略。如果你的文化注重脸面，尽可能避免说“不”，那不妨想一下如何找到方式说“对，而且……”

DRIVEN BY DIFFERENCE

小结

佳洁士净白牙贴是宝洁公司获得巨大成功的美白牙齿产品，它的最初想法就来源于宝洁的一群文化背景不同的人。研发团队把整个公司代表不同文化的员工和部门集中在一起，要求他们制订一项突破性方案，打破支付高额费用请牙医美白牙齿的传统方式。佳洁士净白牙贴就是最终成果；使用者通过一次性塑料薄膜条就能美白牙齿，不仅成本相对低，而且也不费力。这个薄膜的想法与纸制品领域的包装工作有关，而漂白技术却来自于纺织产品，最后的胶液源于其他应用领域。这是一项融合创新，而且利用了相关不同文化和部门的共同资源和实力；它通过利用多样性创造了焕然一新的产品。近期，宝洁和谷歌交换了20名工作人员，这些人会在对方公司工作数周，以便获取不同视角，因为两家公司都清楚，对于创新而言，多样性是真正需要关注的财富。

多样性为产生新想法提供了最大的机遇。一旦团队产生不同的想法，下一步就是决定选择哪个想法及如何让其他人共同参与其中，也就是5D过程的第三步。

构想：不同想法必须得到充分表达

清楚所需的意见类型，为文化背景不同的团队成员创造多种分享意见的方式（例如多次采用团队头脑风暴会议）。

√对于最让你头疼的问题，尝试写下5~10个解决方案。

08

决定

打破想法与行动之间的坚冰

THE PROCESS

OF

DECIDE

阅读地图

DRIVEN BY DIFFERENCE

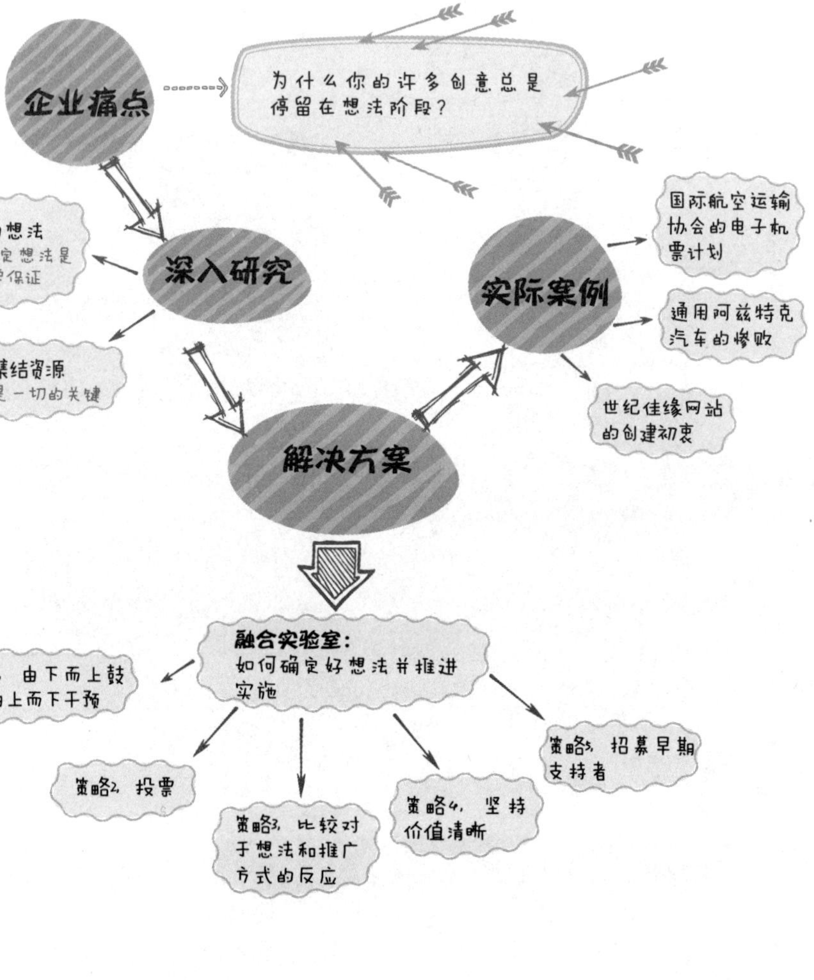

我和妻子近期想买辆新车，我说服她看一下奥迪。在我们与销售员谈话的前5分钟他始终看着我，问我各种对于新车的要求。过了几分钟，他似乎都没有注意到我妻子的存在，我不得不说：“伙计，她才是你需要说服的对象，因为她才是最常开这辆车的人。”直到这时他这才问道：“好吧，利弗莫尔太太，您有什么问题呢？”

琳达回答说：“好吧，我常开斯巴鲁。所以你会如何比较这两种车呢？”他回答道：“嗯，没有冒犯的意思，女士，这两种车没办法对比。我的意思是，如果你想要，我也可以卖给你斯巴鲁，但是奥迪无疑会让你在刚上车时就有不同寻常的尊荣感。”

他刚一说，我就在想，噢，伙计！你可不能对她那样说。我的妻子可是全世界最善良的人；不妨问问任何认识她的人，他们对她的第一印象肯定就是善良、举止贴心。而这个销售员却误以为说中她的心思才是重要的。琳达简单地回答道：“我不在乎什么尊荣和地位。实际上，这也正是我不想买这辆车的原因。我没兴趣开着车四处招摇，让其他人不舒服。我需要的是可靠的感觉。”

这个销售员经验相当丰富。他告诉我们他销售奥迪已有 40 年时间，我肯定他确信自己会稳妥地应对像我妻子这样的人，他采用的策略肯定能让我妻子心动。然而，他不但没花时间了解什么对琳达才是重要的，反而做了一个危险的假设，最终丢掉了我们这笔生意。向别人推销想法或产品需要深入了解对方的动机、价值观和痛点。

太多的创新都在想法产生阶段停滞不前，但是为了将想法转化为解决方案，你必须决定追寻哪种想法，并且说服其他人采纳。选择适当的想法并且向别人推销就像同一块硬币的两面一样。你决定追寻最佳想法的方式，在一定程度上与你说服他人相信这个方法可以成功解决问题的方式有关。所以，我们将在文化智力创新 5D 过程中的第 3 部分解决这两个问题：决定与推销。

确定能落地的想法

在任何人都可以出版著作或任何有雄心壮志的企业家都可以建立网站和公司的时代，你所提供的想法、服务或产品的力量绝对前所未有地重要起来。如果别人跟我说他有个绝妙的想法但却没人理会，我就总会觉得有点忧虑。他们没有明白到底为什么没人欣赏自己那些突破性的想法。毫无疑问，不少知名作者、制片人和发明家的想法在早期可能未被世人所接受，但其后期的胜利无疑会鼓舞人心。我不是说，不可能出现个人有好的想法;但其他人不重视的情况。柯达就曾断定数码相机不会有好前景。奥普拉·温弗瑞（Oprah Winfrey）认为最好的记者采访应该包含情感联系，而上司却与她的观点不同，因此将她解雇。霍华德·舒尔茨（Howard Schultz）是星巴克 CEO，他曾被告知没一个美国人会愿意花 4 美元买一杯咖啡。我们经常听到传奇故事，讲述某些极其成功的想法最初并不被投资人、出版商和经理人所认可的情况。不过，更多时候我们只是在利用那些不同寻常的故事作为不好想法的“正当借口”。有时确实没有多少人能够认识到具有十足创新力的杰出想法，但如果某个想法的反馈总是否定的，也可能是这个想法本身就有问题，或者可能这个想法更适合其他市场。

比方说，想象自己正在听某企业家推销一个新兴互联网约会公司的创意。网络约会市场盈利丰厚，因为只需要利用技术的力量就能满足找到伴侣的基本需求。相比于以往单身者只能依靠广告和朋友介绍才能结识另一半，互联网为从未相遇的人取得相互联系提供了有效的解决办法。某些具有远见卓识的企业家成功地将这个想法转化为了利润丰厚的事业。即便其所住小镇几乎没什么同龄的单身异性，他也能通过网络结识全国甚至全世界的约会对象。这就是绝佳想法的力量，提供解决问题的最有效方式。

有力的想法会为问题提供一种新的解决方案。新市场会产生新问题，需要新的解决方案。多样化团队会让你更深刻地了解痛点和最适合不同用户的潜在解决方案。未来用户甚至没有意识到问题的存在，但最终却必然会发现问题，并且理解你的想法将如何解决问题。解决方案也需要缓解明确问题的相关痛点。如果想法不好，再灵活的营销或再流畅的交流也无助于创新。

DRIVEN BY DIFFERENCE 案例

世纪佳缘的创立缘由，减小而不是扩大选择范围

不过，互联网约会公司已经太多。你凭什么认为投资人会对你的新兴互联网公司买账？想象一下，如果是一个年轻女性推销这个想法，表示自己的网络婚恋服务不需要订阅，而网站重点将在缩小人们的约会选择而不是增加选择，情况又会怎样呢？我猜可能还没有等她说完，多数投资人就会说：“不用了，谢谢，我没兴趣。”但如果是在中国，他们就可能会错过机会。龚海燕成长于中国农村，她创建的世纪佳缘网现已成为中国最大的互联网约会公司。世纪佳缘网站的诞生源于龚海燕对中国单身男女特殊痛点的理解，也就是拥有太多潜在的约会对象可以选择。美国Match.com的魅力在于用户可以扩大潜在伴侣的选择范围。而在中国，世纪佳缘的魅力所在却恰恰相反，它是为了缩小选择范围。北京的一名23岁女性登录普通的婚恋网站后，就会发现附近有40万名男性用户；而在世纪佳缘，她却可以在几秒内将选择从40万人减少到83人。根据个人喜好可以进行伴侣筛选，包括血型、身高和星座等不少世纪佳缘用户注重的事项。

聪明、获权的团队

由聪明人所组成的多样化团队最容易产生最好的想法，他们在团队中将有权发挥个人不同天赋并根据个人想法行事。不少关于领导力的著作和文章都强调聘用比管理层更聪明的员工的重要意义，但很少有领导者愿意这么做。不过，谷歌却是特例，它宣称寻找掌握有力观点的聪明人才是招聘策略的核心。谷歌招聘那些“足够聪明，能够想出新想法；足够疯狂，能够认为想法可能奏效的人”。

聪明、掌握适当权力的团队是提出成功产品的最佳选择。消费者不会忍受不好的产品。而好产品是以好想法为出发点的，这也是创新成功的唯一方式。但管理人员必须听取团队的不同想法，才能从中获益。

在里克·瓦格纳（Rick Wagoner）担任通用汽车公司董事长时，全球最大的汽车生产厂正因为没有任何创新产品而面对着持续不断地嘲笑与指责。作为回应，瓦格纳发布命令要求通用汽车 40% 的新产品都必须是创新的。任何貌似合理创新的想法都会得到同意，不论它是否真的是好想法。

其中一项创新就是阿兹特克，这是一次精益、跨界的早期尝试。不过，不少人认为这可能是近期汽车历史上最大的一次失败。不少通用汽车的工作人员都对阿兹特克的设计表示担忧。在市场调查中它也严重触礁，试用过原型的受访者说道："还有比这更差的玩意儿吗？我可不会拿它送人。"。然而，产品开发团队负责人唐·哈克沃思（Don Hackworth）却继续推进，并表示："我们都坚信阿兹特克会大获成功，让整个世界为之震惊。我不想听到任何关于这辆车的负面评价，一点都不。任何对其持负面态度的人都请离开这个团队。"

阿兹特克在 2000 年上市，通用汽车为此大肆宣传，称之为地球上最多功能的汽车。起初公司预计它的销售量为每年 7.5 万辆，但前 3 年实际每年的销量却只有 2.7 万辆。5 年之后，通用汽车全面停止生产阿兹特克。这辆车最初的想法就很糟糕，投入再多的销售资源和营销措施也没法改变事实。而且，阿兹特克项目的领导者也被称为"极权主义者"他不尊重他人，镇压意见不一者。如果团队的每个人的想法都一样，就意味着根本没人在思考或者你的团队没有任何多样性。如果公司没有赋予所聘用之人适当的权力并听取他们的建议，那阿兹特克失败的案例就是最明显的警醒。

检验想法

为了检验个人想法是否真的有效，首先应该非正式地与别人分享。跟不同的朋友、同事讨论一下，最好是那些会跟你坦率表达建议的人。如果他们否定你的想法，但你仍然认为这是个好想法，不妨改进一下之后再告诉他们。只要他们的回答是："嗯……现在还有点意思！"那就去找企业家或投资人商谈，了解一下其他创新者是否与你英雄所见略同。在最终决定是否推进想法前，最好基于他人的建议修改一下。

多数真正有创意的想法都不太可能即刻为大家所接受，所以也不要过早地放弃。实际上，如果任何人太快地接受你的想法，你可能就需要重新考虑一下这个想法是否真具有创造力。不过，你需要重视所得到的不同回复，针对尖锐的意见提出最好的解决方案。

有时即便没人认可你的想法也不应该放弃，但那种情况少之又少。《*Inc.*》杂志的佩内洛普·特伦克（Penelope Trunk）表示：**"放弃你所喜欢的想法和追寻你喜欢的想法一样需要勇气。"**你能解决的痛点以及成功后可能提供的益处决定着你应追寻哪种想法。

拉内部人士入伙

一旦你决定推进某个想法，你必须让其他内部利益攸关者参与决策。全球不少公司目前都已经过渡到矩阵式结构，通常赢取支持靠的是影响力，而不是权力。如果你不要求别人支持某创新想法，别人怎么会这样做呢？

我曾与 Facebook 领导力开发主管比尔·麦克劳恩（Bill McLawhon）谈

过这件事。几乎没有任何公司会比 Facebook 公司的结构更为扁平，获得影响力的首要方式就是通过结果。人们会注意你是否有影响力，而这才是真正紧要的事情。Facebook 基地张贴的宣传海报之一就是“少抱怨，多干事”。围绕 Facebook 的典型故事都与个人有关，他们勇于冒险、不断追求，从而获得了重大影响力。你的资历和你的活动根本就是无关紧要的。星巴克的霍华德·舒尔茨是 Facebook 的董事之一，他表示：“未来属于那些肯干实事的人。”**Facebook 注重影响力，而不是努力。影响力才是一切的关键，不论你在哪里，你的工作背景或是你每天工作的时间……这些都不是重点。**

麦克劳恩告诉我在 Facebook 里，如果要别人注意你的想法就需要高情商和自我意识。扎克伯格为公司制定的指导原则之一就是：“特别尊重别人。”麦克劳恩表示：“Facebook 几乎没有混账东西。你完全不会听到人们彼此大吼大叫，而言辞侮辱更是少有耳闻。如果他们这么做，那就走人！”

不过，你表达尊重、影响同事和说服别人采纳新想法的方式却与文化条件密切相关。我曾问过麦克劳恩这件事，因为 Facebook 目前在全球招募大量的工作人员。公司已经创造出了一条连接全球各地的河流，各种的信息、策略和想法在其中流动，换而言之，不仅孟买的工作人员可以了解门洛帕克工作人员的想法，而门洛帕克的人也可能掌握布宜诺斯艾利斯工作人员的建议。麦克劳恩表示：“我们在全球最需要的人是能够协调本土环境和 Facebook 文化的人。如果他们不能在两种文化中搭建桥梁，那就没有任何用处。”

在不同文化背景的利益攸关者中传播想法，通过融合范式无疑最容易找到最佳办法。全球大部分组织都比 Facebook 拥有更多的管理层级。你如何推广某个想法，是平行推进还是在上下级更明显的环境中采用从下至上的攻坚方式？合宜集团（Hay Group）曾对全球领导人进行过采访，为的是搞清楚在正式权力有限的情况下需要什么样的能力才能影响任务的完成。**他们发现由下至上发生影响的关键就是同感、冲突管理、影响和自我意识。**推广想法的个人只有懂得如何寻找管理层的痛点，并能提供缓解疼痛的解决方案，下一级的个人意见才能得到上级的重视。此外，个人应该允许管理人员分享相关想法的荣誉。

过去你想说服别人的时候，总可以厚颜无耻地说："研究已经证明……"然而，现在人们在你还没结束演示前就可能已经在智能手机上查询事实真相了。所以，你该如何影响你的同龄人呢？这取决于他们的文化背景、个性特点和真实情况。不过不要忘记，想有效地在内部建立联盟就必须花费时间了解主要参与者的情况，搞清楚他们的动机和喜好以及他们决定接纳你的想法的方式。好的想法需要得到大部分参与人员的认可。在某个人告诉我她有个绝妙的点子但却没人理会时，我总是保持谨慎，这就是原因之一。如果你无法说服内部人员相信这个创新值得一试，你将如何说服潜在的用户呢？

所有职场都存在或多或少的政治和文化因素。个人文化智力的首个用武之地就是为说服内部人员制订一项计划。该权力归某些个人和部门所有，而说服他们接受就相当关键。你需要就利用团队多样性制订一份在内部推广想法的计划，这个举动就和对外推广一样具有意义。

拉用户入伙

5D 过程第三步（决定）的最基本要素就是考虑如何说服用户支持你的创新。国际航空运输协会（International Air Transport Association，IATA）涵盖了全球 92% 的商业航空公司，它领导实施了多项航空领域的创新。不过，这个集团最大的挑战却是如何实现所有政府和航空公司的合作。你如何说服德国汉莎航空、阿联酋航空、联合航空、埃塞俄比亚航空等多个航空公司达成一致意见？

2004 年，只有 20% 的航空公司在使用电子机票。时任国际航空运输协会 CEO 的乔瓦尼·比西尼亚尼（Giovanni Bisignani）坚持要在 4 年内实现 100% 的采用率。当时根本没人相信能实现这个目标，然而在 2008 年奇迹真的出现了。纸质机票已然成为历史，而电子机票的创新每年可以为航空公司节约 30 亿美元；它还减少了乘客对于丢失机票的忧虑以及对更换行程烦琐手续的不满。

那么，国际航空运输协会是如何做到的呢？主要是建立与机场主管、政府机构以及航空公司高管的联盟关系。国际航空运输协会的每个人，不论是高管还是新晋员工都是建立必要联盟的一环。国际航空运输协会多样化的工作人员负责与全球各地的航空公司职员联系，以便更好地理解电子机票相关的障碍问题，利用这种深入理解就可以说服对方相信电子机票独有的好处。国际航空运输协会利用文化智力明确了相关利益方的主要问题，并提供了个性化的推广方案。某些航空公司几乎不需要任何帮助或说服，而另一些可能从未使用任何电子机票，所以需要帮助来克服技术问题。当然也有一些公司抗拒这项创新，主要是因为电子机票相比于经过验证、运转良好的方案风险更大。比西尼亚尼亲自说服历史悠久的航空公司采纳创新。大航空公司过去都在抱怨低成本航空公司的不平等竞争，所以比西尼亚尼就将电子机票作为解决这个问题的核心策略进行宣传。电子机票可以简化业务，进而节约航空公司的成本，帮助公司与具有破坏力的新兴公司展开竞争。他告诉这类公司如果希望拥有竞争力那就需要适应环境的变化。比西尼亚尼坚信如果不转为电子机票，历史悠久的航空公司就会发现自己根本无法与廉价的航空公司相竞争。

政府也同样是需要说服的对象。科威特、阿联酋和卡塔尔政府对航空领域的投入巨大，从而打造出了令人难以想象的高效航空港。比西尼亚尼利用这点作为例证，说明政府为何可以创造本国航空业的未来成功或实现突破。而且，考虑到“9・11 恐怖主义事件”仍是多国政府关心的问题，所以比西尼亚尼说服政府领导人的核心依据就是安全、稳定，因为电子机票可以帮助政府更仔细地审核、追踪乘客的旅程。**在他与不同利益方交流的过程中，为了解决“他们的”问题，比西尼亚尼将电子机票的想法变成了“他们自己的”，从而使其更有动力参与其中。**

清楚明确用户身份

对外推销个人想法在一定程度上需要精准地确定用户的身份。对国际航空运输协会而言，可能就有不同的用户，包括政府、机场、航空公司和乘客。对谷歌这类公司而言，主要用户不是付费消费者。多数人不会向谷歌支付任何费用，但谷歌却会为用户设计产品和服务，而不是为消费者设计。谷歌在 2012 年收购摩托罗拉时，公司的首次会议就是回顾摩托罗拉所有手机的特点和规格。摩托罗拉的领导人不停地提及消费者的要求，而大部分都与谷歌所认为个人希望手机应该具备的特点截然不同。参会人员蓦然意识到谷歌和摩托罗拉所谈的是两种不同的“消费者”。谷歌想的是使用手机的个人，而摩托罗拉想的是手机运营商。埃里克・施密特和乔纳森・罗森伯格表示：“在谷歌，我们的用户就是使用产品的人，而消费者是那些购买广告和技术许可的公司。在两者出现冲突的情况下，我们的设计需要考虑的是用户。”

不过，谷歌却没有理所当然得认为用户清楚自己所想要或需要的。就像苹果公司一样，谷歌避免采用传统的市场调查方式，而是依靠多样化团队对消费者需求的理解。苹果和谷歌相信自己团队人员的远见，并希望尽量为用户创造最佳的体验。施密特和罗森伯格表示："如果你的消费者提出要求，你们在满足要求时并没有进行创新，就只不过是响应要求而已。这不是件坏事，但却没有创新成分……对于需要创新的某事而言，应该是新的、具有特点、相当有用的。"这同样意味着你必须非常了解你的用户，而这使建立强大、多样化团队的任务变得更加重要。只有这样，你才能掌握用户与需求和兴趣相关的第一手信息。美国银行 CEO 布雷恩·莫伊尼罕（Brian Moynihan）个人也是银行多样性与包容性理事会的主席。他认为银行内部的多样性与消费者满意度之间有着紧密联系。他表示："在内部多样性和包容性程度高的情况下，员工就会觉得自己受到重视。这将使他们更好地服务我们的消费者，而整个银行也会变得更好。"

针对用户调整推广方式

在说服相关用户采用电子机票时，国际航空运输协会采用的是相当基本的推销原则：基于相关用户的需求和问题设计推广方式。不过，令我惊讶的是这个简单的原则却经常遭到忽视。从向我的妻子推销奥迪汽车的销售员，到接洽数百亿美元生意的销售代表，他们在向潜在用户推广某想法时都不会投入太多创新和调整。本书第 2 章关于视角获取的原则对于调整推广方式也有着根本性的影响作用。

在比西尼亚尼担任国际航空运输协会领导的 10 年中，在推广和执行个人想法时利用的最关键要素就是，他懂得如何使自己成为全球最有影响力的领导者。比西尼亚尼曾第一天与美国国土安全部部长卡内特·波利塔诺（Kanet Papolitano）共进晚餐，第二天就动身前往伊拉克帮助该国获得保证乘客安全飞行的飞机零件。对此，他从未有任何保留。在印度的时候，他曾与甘地一家共餐；他也经常与新加坡总理李光耀见面；而可能让人失望的是，他也曾与津巴布韦的穆加比和利比亚的卡扎菲一起用餐。不过，不要从外交和政治举措的角度来过度解读比西尼亚尼喜欢社交的个性。每个人都觉得他和独裁者共餐是疯狂的举动。他最著名的演讲是“轰炸教堂”，重点强调了航空业全面革新的必要性。他有时也会特地与文化规范反其道而行之，进而完成国际航空运输协会的目标。他是如何能够赢得这些具有不同政见，甚至敌对的领导者的信任，与他们成为朋友并且说服他们采纳创新呢？他认为这些创新对航空业克服21世纪挑战至关重要。

比西尼亚尼建立联盟，推动覆盖全球范围最广的航空业采纳创新结果。他的这种能力植根于他在建立联盟的同时致力于建立信任关系。这使他能迅速产生战略性影响力，而这点也是创新融合方法的特点。比西尼亚尼称自己为“神父”。他跟我说：“每个人似乎都在跟我说他们自己的秘密。”而他也成功将互为竞争对手的航空公司CEO变成了共同合作的伙伴。航空业是全球竞争最激烈的行业之一，所以如何保证联合航空公司、英国航空公司、新加坡航空公司、埃塞俄比亚航空公司、阿联酋航空公司及其他航空公司的高管友好合作呢？他的方式就是让大家关注最重要的共同价值——安全！每个人都愿意为了安全而合作，而全世界的任何航空公司都会与另一家航空公司合作来保证乘客安全抵达目的地。除建立关系和信任外，比西尼亚尼也会果断地承诺迅速推动改变、获得结果。“9·11事件”以及随后政府和航空公司面临的所有危机都意味着必须果断地进行决定性的改变。实行电子机票不过是比西尼亚尼以及其团队在短时间内领导的一项创新而已，而该项目一开始就取决于能否说服所有利益攸关者参与其中。他在确定各利益方的痛点之后，带领来自全球各地的领导团队一起思考如何能成功地将电子机票创新宣传为减轻其痛苦的方式。

在听取一个新意见时，多数人都会尝试判断你是否理解了他们的情况和需求。他们想要知道你是否准备充分，如有需要是否乐于进行适当调整。**这表明**

能否建立个人联系的关键是，你将新想法当作说服对方采纳的操纵工具，还是通过它让别人明白你真心想要为他们解决问题。

《专业服务公司管理》(*Managing The Professional Service Firm*)一书的作者戴维·迈斯特尔(David Maister)表示公司买家在听你介绍个人想法时会考虑的 3 件事。

DRIVEN BY DIFFERENCE 创新小贴士

买方在听你介绍个人想法时会考虑的3件事

- 你是否准备充分?

  "如果你问我们那些在官网就能找到的基本信息，我可能就不会留下任何深刻印象，而且觉得这不过是一个基本的、老旧的方法而已。"

  一份列明创新想法如何满足消费者特殊需求的文档可能比华而不实的宣传册、视频或PPT给人留下更深刻的印象。事实上，在餐巾纸或是白板上草绘个人想法可能更好。

- 我能否打断你?

  "我更希望你能坐下来与我交流一番，而不是调暗光线，给我展示你千篇一律的演示。"

  如果必须进行一番演示，那么接受方可能希望他能够打断你。如果你无法摆脱预先计划好的讲稿，那么接受方就难以相信你能够灵活地解决他的特殊需求。

- 你是否在努力理解我们的情况?

  "这只是单纯地说服我购买你已有的产品和服务? 还是你真的在了解我们的情况，愿意考虑创新的解决方案?"

买方可能会要求你提供一份提案，但最终决定将基于双方的信任程度。理想的情况就是在大家共同讨论后提出一份提案。

宣传个人想法的目的并不一定是说服他人即刻采纳你的想法，而是为了激起他们的兴趣。对话可能也有助于你决定到底推进哪个想法。在《全新销售》一书中，丹尼尔·平克写道："在买家掌握充分信息和一系列选择的世界中，推广通常是首要的，而不是最后需要考虑的。"

如何确定好想法并推进实施

这里有些策略有助于指导你选择适合推进的想法，帮助你获得其他人的支持。就实践而言，它们不少是适用于创新项目的，而且与多样性创新尤为相关。在决定和推广个人想法时，你可以遵循如下的融合策略。

策略1. 由下而上鼓励，由上而下干预

多数创新都来源于基层，这也是皮克斯等公司希望行政助理与电影导演共同参与创新过程的理由。不过，多样化团队内存在最大的文化差异就是，在领导与决策过程中，不同文化倾向会造成由上而下与平行的冲突；而融合方法就能利用这两点。

中国的阿里巴巴，印度的HCL科技，阿根廷的加里西亚银行（Banco Galicia）和美国的皮克斯这些公司都已经创建推动由下而上实现创新的环境。他们清楚公司基层提出越多的想法和观点，就越可能出现创新。不过，这类公司的领导者也同样提供强大、及时的方向引导。哈佛商学院的琳达·希尔（Linda Hill）曾写道：“即便在最具创新性的公司里，等级结构也同样坚不可催。不过，它只在必要时产生作用，而且很谨慎地选择使用。”由上而下的方向指导提供了必要的界限和限制，从而保证创新从想法变为现实。帮助团队选择适当的想法，提醒大家目标、预算、时间要求及其他限制因素，这是领导层可以对高度多样化团队采用的最主要的指导方式。

此外，在某人违反参与规则或出现权力不平等的情况时，由上而下干预就能凸显出其重要意义。有时领导人可能需要干预才能平衡权力差异，比如说仅因为政治原因选择某一想法而不是为了更好地完成共同目标。权力差异可能源于主流文化，源于个人在公司的资历或者源于个人专业背景，在这类情况下就需要由上而下地干预。团队需要听取每个人的看法才能保证听取不同的建议进行创新。

挖掘创新潜力与控制多样化团队成员的冲突在创新融合方法中总是处于动态调整中。文化智力水平高的领导人会鼓励由下而上的决策，而如果团队要想成功确定最好的想法并获得必要的支持，那么由上而下的干预就必不可少。

策略2. 投票

在不少情况下，多样化团队需要有组织地就某个想法达成一致意见。在冲突和犹豫导致团队无法做出决定的情况下，不妨考虑投票。投票有助于你继续行动，防止推翻多数参与者支持的想法，但可能会造成某些潜在的劣势，因为这种方式不可避免地会产生赢家和输家。不过，它至少会为竞争性想法提供某些合法性。伦敦商学院的兰道尔·彼得森（Randall Peterson）发现在高冲突的情况下，多数原则比达成一致意见更适合做出决定，而且也会提高对于决定的满意度。

为了最充分地利用融合方法，要紧密关注你所在团队的规范以及参与者对于投票方式的评价。在某些情况下，你可能轮流让参与者释解自己的投票选择；而在另一些情况下可能需要不记名投票或分为不同小组作为整体来计票。

策略3. 比较对于想法和推广方式的反应

利用团队多样性来预测各利益方的反应，决定获得支持的最佳方式。如果团队成员来自更注重集体主义的文化，他们可能希望在决策过程中要求赞助者和顾客参与；如果是个人主义文化，他们可能更习惯于在决定后再向顾客推广。融合方法就是保证两种偏好共同存在，而不是坚持每个人都要做相同的事情。其中一种方式就是为每个人提供充分的信息和时间，以便注重集体力量的参与者或利益攸关者可以在最终决定前了解情况。随后提出的建议应该包括需要决策的内容；无疑这是获得初期支持的有效方式，因为每个人都有机会参与决策。你也可以在取得主要利益方批准后，再召集团队成员做决定。另一种融合的方法就是在作出初步决定的过程中预留出足够的时间，以便集体主义者能与主要利益方充分协商；时间表很重要，只有到达最后期限的紧迫感，才能让人去争取最大支持。

策略4. 坚持价值清晰

人们所感兴趣的是你推销的是什么，你能提供什么样的价值。很明显，在推销时，概念价值清晰和不清晰，表达合适或不合适，都会导致不同的结果；在推销过程中，很多细节是非常有用的。所有文化都推崇清晰明确。

实际上，坚持价值清晰是领导人应具备的能力，与其文化背景无关。“全球领导者”研究项目的初衷就是探索世界各地的人们对领导者要求的异同。一些人的文化中希望领导者具备远见卓识和魅力，而另一些人的文化中的人则希望领导者能处事低调。事无巨细，管理者应该具备管理日常流程的能力。全球并没有判断领导力好坏的统一标准；不过，几乎所有文化都要求领导能清晰明确地说出自己的想法。

如果你想推销自己的想法，你就需要帮助他人明确他们的立场；站在他们的角度上考虑问题，帮助他们识别他们所不知道的问题，并提出解决方法。对于重要的问题需要小心谨慎。一开始你可能会觉得恐惧和消极，但这种情绪不会持续。因此，重点是快速找到利用你的想法解决问题的方法，通过这种方式，帮助他们获得积极的成果，诱发积极的情感。

你可以通过构建多样化团队，帮助大家建立信息库，大规模地收集信息，并对信息进行系统的处理，同时提供必要的解释并明确问题所在。任何人都可以访问信息，所以需要构建大型信息库（如表格等）。关于组织的文化差异需要进行大量研究，所以一定要利用团队多样性考虑各种问题，最终将你的确定想法推销给不同的受众，重点部分运用摘要和图片，可以使受众在短时间内清楚你想表达的意图。

策略5. 招募早期支持者

最后，招募那些走在创新前沿的早期支持者。有些文化、组织和个体会首先成长起来；但大部分人都宁愿站在巨人肩膀上，他们更偏好那些有人尝试过的领域。早期的拓荒者可以采用混合方法获得同道者；他们通常来自那些渴望成为先驱的群体以及那些企图使用经验来规避文化风险的人群。

许多亚洲公司一直不愿投资广告和电子商务，认为它们相对较为虚幻。然而，越来越多的公司在这个领域取得了成功。很多产品从一开始就借助于谷歌和Facebook打开了局面，另一些则通过中国的阿里巴巴和日本乐天这两大电子商务平台实现了销售增长，这让大部分公司意识到了广告和电子商务的巨大潜力，他们也开始转变思维，愿意花更多的钱在电子商务上。

任何一个创新的产品或行动，能不能引领潮流，首波追随者尤为关键。这群疯狂的追随者会逐渐成为这款产品的引领者。通常这群人的特点是甘愿冒险，富于想象，同时也渴望引人注目。谁可能成为你的早期支持者？你应该如何与他们配合工作，将你的想法推销给别人？

小结

如今，国际航空运输协会的最大创新动作赢得了全世界利益攸关者的一致支持。当我们托运物品时，总是要忍受长时间排队、突击检查以及地域之间的规则差异，这经常会给我们带来不便。国际航空运输协会创新战略的目的就是解决存在于不同利益方之间的问题（如政府、机场和监管机构），以及财务方面的文化差异。这包括如何安全和平地获得利益攸关者的支持，提供更为通畅的服务，同时尽可能尊重他们个人的决定并消除各地文化差异。我们希望国际航空运输协会在这项创新上能获得成功，这样会将等待安检的时间缩短至15秒，大大提高我们的出行效率。

发达的技术让全球较之前更容易诞生许多创意想法。当然，这也意味着你的创意想法面临着激烈的竞争。文化智力创新最重要的功能就是确定最棒的想法，然后获得大家的支持。这也是我们进入下一个关键阶段的基础；得到大家的认可和支持，才能将该创意想法投入设计和测试。我们应该如何才能让自己的创意想法独一无二，能够从所有相近的创意中脱颖而出呢？

决定：打破想法和行动之间的坚冰

仔细地对你的想法进行反复思考和整合，直到你的创意想法能获得所有人的认可。这需要自下而上和自上而下的倡导和推行。

所选择的创意想法至少应得到3个不同用户组的支持。

09

设计

打造并测试产品

THE PROCESS

OF

DESIGN

阅读地图

DRIVEN BY DIFFERENCE

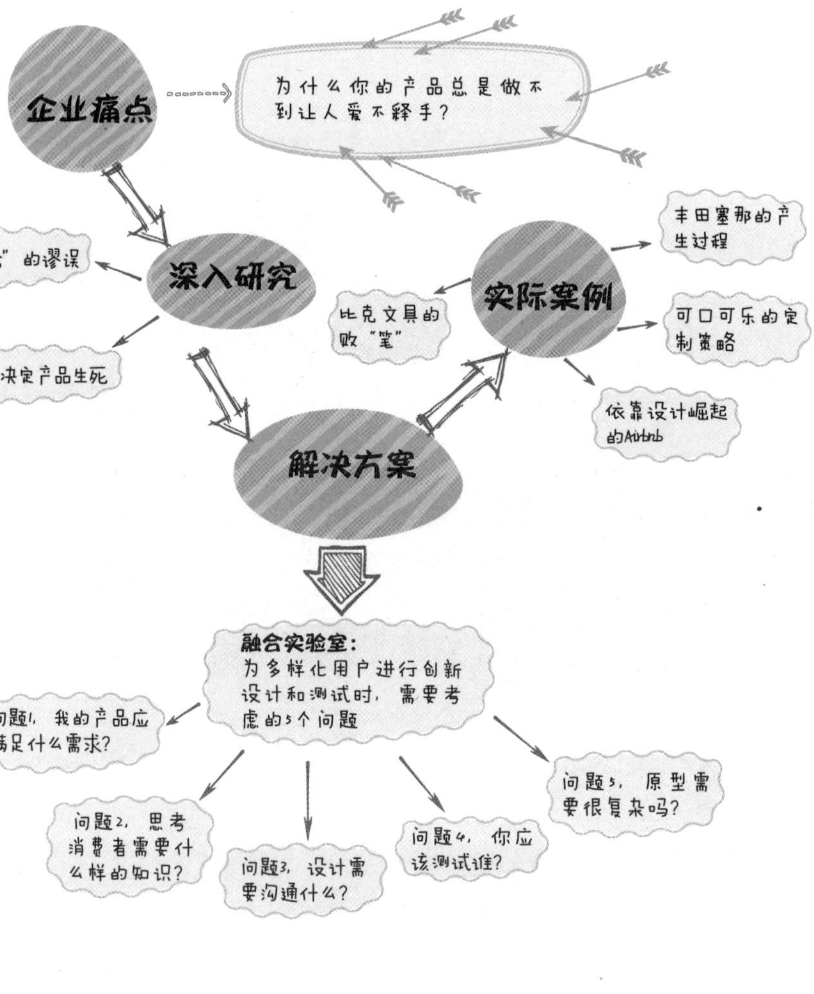

当今世界属于影像意识世界，创新想法的设计和测试对其是否能够顺利实现至关重要。美国格柏公司在将婴儿食品引入西非市场时做出了臭名昭著的决策，这其实源于它错误地认为如果在标签上印上可爱的娃娃脸形象，就代表这款产品是婴儿产品，四处皆可出售。格柏公司确实看到了加纳和利比里亚中产阶级消费者需要婴儿营养食品的商机。因此，公司开始以非常低的价格对产品进行促销，包括赠送消费者样品。不过，很少人对样品产生兴趣，更别提有人购买了，促销以失败告终。直到有一天公司发现，大多数西非食品分销售商都会在他们包装的标签上印制图片。因此，大家对这种图片的产品早已习以为常，所以格柏公司将婴儿照片印制在产品标签上的举措并没有产生任何效果。

美国格柏公司并非是唯一在创意设计上遭遇滑铁卢的公司，这种情况比克公司也遇到过。比克公司创意设计的失败源于他们单方面地认为女性喜欢粉红色，所以为她们设计了粉红色的钢笔，计划在女性朋友身上发一笔财。事实证明，他们的想法太过凭空想象，完全没有经过调查。实际上，如果他们的团队里有女性（或者存在一些比较聪明、懂女人的男性）的话，这种失误是可以避免的。因为这事，比克还被亚马逊所嘲笑，留下了以下经典的段子："我买了这些笔，然后我赤着脚在厨房里写我的购物清单，但是笔实在太难打开了，我只能等我老公回来才能用。”多么具有讽刺意味！可见比克公司在设计时，只考虑了局部因素；只想到从外观迎合女性，却没想到产品对于女性的适用性。同样地，当“男人帮”开始向美国的拉美裔促销瓜亚贝拉衬衣时，拉丁裔社区厌恶地做出以下评论:“我们大部分时间都在工作，哪有空穿这些衣服？我们也不可能将这些衣服穿到上班的地方啊？卖给我干啥？”可见，“男人帮”在设计这款衬衣时，也没有做好市场调查，产品的设计概念跟营销对象完全对接不上。

文化智力创新方法要求对创意进行开发设计并测试，使其能够消除形式上和功能上的文化障碍。某个用户可能在使用中觉得这个创意想法很有效，但是换一个用户未必会这么觉得。像某个网站针对瑞士用户，设计了界面清晰、功能板块分布明确的网页，看起来很不错；不过，对日本用户而言，他们可能会觉得很廉价和无聊。

有许多资源其实对设计产品的主题和原型很有帮助。本章的目的是确定产品设计的核心思想，并通过不同文化角度对产品进行测试，力求消除文化障碍。产品的设计与测试位于5D进程中的同一个阶段。你所面临的用户越是多样化，需要综合考虑的设计和测试内容就越多，并且需要周期性的设计和测试，不断地完善产品，让产品能够被不同文化背景的人所接受。每次设计迭代都应该从最后一次测试结果开始。

了解用户需求

其实，测试和设计的黄金法则就是了解用户需求。你的设计只有建立在用户需求的基础上，产品才有销路。关于这方面的基本技能可参照第2章。这就是为什么多样化团队是你设计产品的重要优势。项目中的工作人员越能代表用户的价值观和用户需求，所解决的问题也就越多，产品的问题也会随之减少，趋向完美。因此，在产品的设计和测试过程中，参与人员的文化背景和个性越是多样化，创新产品的可用性就越大，越是能够被更多不同用户所接受。

但是，令人惊讶的是，这样的黄金法则竟然在很多创新产品设计过程中遭到忽视。许多产品在设计和测试阶段为了求快，总是习惯性地依赖心理学上所谓的“镜像谬论”；即想当然地认为你所想的就是人家所想的，固执地认为你所设计的产品功能在各处都能被接受，这种想法直接导致产品失去特色，无法在各个地方脱颖而出。特别是当涉及文化差异时，该问题就会被放大。比如，微软第一次使用“邮箱”图标时，这个图标本身不太具备识别性，需要向全球用户进行解释；毕竟除了美国郊区的邮箱跟它有些相似外，全球其他用户对该图标还是比较陌生的。另一个例子，当微软将“粘贴”这个词翻译成中文“卡”的时候，中国很多用户就懵了，完全不知道这个功能该怎么使用。其实有很多方式可以避免这些误会。

DRIVEN BY DIFFERENCE 关键词

镜像谬论（mirror image fallacy）

即想当然地认为你所想的就是人家所想的，固执地认为你所设计的产品功能在各处都能被接受，这种想法直接导致产品失去特色，无法在各个地方脱颖而出。

组织多样化团队进行测试

前文提到比克公司专为女性设计的粉红色钢笔遭遇冷场，那么比克后来是怎么收场，挽回局面的呢？比克后来将产品进行改造，新出的产品重点放在“如何让女性的手指更舒服地握着钢笔写字”上，并推出了粉红色和紫色两款带有笔管的钢笔，这一次受到了市场的欢迎。我们的许多产品在设计时，经常会因为注重性别而忽视其他因素，现在满大街都可以看到很多这样的案例，包括粉红色的视频游戏、粉红色的枪杆和粉红色的体育服装，还有一些中性的背包、帽子和笔。因此，如果比克单纯只是生产粉红色钢笔，那这款产品的受众面积就大大缩小了。因为这款产品直接向我们传达了一个信息："粉红色是女孩的。"尽管通过根深蒂固的观念可以预测到一些事情（比如，女性更有可能成为粉红色钢笔的使用者），但当你直截了当地将它们呈现出来时，就会呈现出一种攻击性。这就是当你在设计时仅仅基于同质假设所导致的结果。它甚至会让团队小组无法顺利引用这些数据去与用户实现互动，最终将影响有效迭代解决方案的诞生。

实在不明白比克公司怎么会认为女性都将为他们的这款粉红色钢笔埋单。比克的这一产品也成了典型的消费品营销失败案例，其原因主要还是因为他们忽视或误解了用户的真正需求和价值观。不过，企业家很少会犯这样的错误。因为他们通常是从底层做起，通过创业来解决这些问题，所以他们很明白这些问题产生的原因，也知道怎么从源头上将这些问题消灭在萌芽中。他们在产品创新上很少会犯跟比克一样的错误。

如果你快速浏览比克公司的网站，你会发现关于公司领导的一些有趣的事情。该公司由 CEO 里奥·格瓦拉（Mario Guevara）和董事长布鲁诺·比克（Bruno Bich）领导，公司员工主要是白人男性，领导层只有少数女性，基本不存在种族多样性。对于当今习惯将"海纳百川，有容乃大"挂在嘴边的企业而言，这种情况绝对是一种压力。更让人吃惊的是，如果浏览比克的网站和年度报告，你几乎找不到任何关于价值观多样性和包容性的足迹。很难想象，如果这种企业的女性员工来自不同文化背景，这部分员工该如何在产品创新上提出自己的观点，因为比克根本就没有包容价值观多样性和文化多样性的意识！在全球商业多样化步伐不断加快的今天，比克的案例只是冰山一角。

设计口号"了解你的用户"意味着理解文化塑造用户的方式。当你拥有一支多样化团队，并愿意听取他们的不同声音，那么你在进行产品试验时，就能看到大家对产品的反馈意见都存在哪些不同。多样化团队相当于给你装上了一组不同的眼睛，让你能从不同角度、不同文化考虑产品，让产品更趋向完美。这也是乐高玩具从破产边缘咸鱼翻身成为世界领先的玩具公司的关键原因。CEO 乔根・维克・诺斯托（Jorgen Vig Knudstorp）根据多样化团队的指导，将乐高的玩具理念升华到人类学的高度。他们对全世界各地孩子的玩具及玩法进行了研究。乐高最具创意的产品是为女孩所创造的乐高朋友系列。与比克的情况相比，乐高的创新理念单单只是针对女孩（例如，让她们选择构建购物中心和对丛林动物进行援救）。此外，乐高朋友这个形象并没有明确性别理念（男孩也可以玩）。结果，该产品一经推出，就大受欢迎，在中国、德国和美国都畅销无阻，这一切都归功于对多样性研究团队的重用。

近距离测试

产品在进行设计时，也需要坚持近距离与用户接触，了解用户的使用习惯和方式。这就是为什么宝洁 CEO 雷富礼先生坚持出访全球、挨家挨户与消费者近距离接触的原因。他不想让自己的决定单纯地依赖研究顾问和研发团队所提交的市场研究报告。当他来到伊斯坦布尔的时候，他会拜访某位土耳其女人的家，看她洗盘子和衣服。他跟她交谈了大约一个半小时，并说服她尝试一下宝洁公司开发的新产品。他认为这样的家庭访问有助于改善他对产品的理解。对消费者需求有进一步的了解后，他还会将此编辑成信息，发送给宝洁的所有高管。市值 800 亿美元跨国公司的 CEO 都愿意屈尊，花上几个小时做这样的家庭访问，你为什么就不能呢?

多年来，丰田一直跟本田和克莱斯勒在北美小型货车市场竞争。因此，公司决定重塑他们的塞纳小型货车形象。横屋勇二担负起了这项工作。他之前为丰田汽车在日本和欧洲市场设计了几款很成功的产品，但他从来没有为北美地区设计过这样的车辆，所以他需要一些时间。

他驾驶塞纳“样车”穿越了美国50个州，13个加拿大省份和地方，横穿墨西哥。他在北美的实际驾驶经验，为他带来了不少灵感，让他的设计更具实用性。如果他只是简单地坐在办公室里，研究北美的市场趋势和人口情况，估计不可能得到这样的收获。例如，在实地考察过程中，他发现加拿大高速公路中部区域的坡度比美国更高，估计是为了方便处理积雪，正是这点让他想到了产品设计的重要性，据此他设计出的小型货车能够从容地驾驶在倾斜的路面上。

DRIVEN BY DIFFERENCE 案例

14个杯瓶托架，丰田塞纳的设计缘起

横屋勇二在实地考察期间，曾经驾车穿越过密西西比河的一座桥，当时桥上的一阵大风差点让他翻车。再往前开，在开放式公路上他身边不断有大卡车呼啸而过，稍不留意，就会发生刮蹭。这两种情况都让他想到了增加车辆稳定性的必要。他还开车绕着新墨西哥州圣达菲的狭窄街道转了一圈，对现有样车在这种街道上有限的转向空间做了精确评估。

日本和北美文化最大的区别是人们的饮食方式。日本人在路上吃得很少。如果日本人一家出行的话，当他们口渴的时候，他们通常会停下来，喝点饮料，然后再回到车里，重新上路。但北美人不一样，他们通常是把一堆食物和饮料放在车里，让他们一路上都不愁吃喝。事实上，横屋勇二已经了解到许多美国司机都希望能在车里为每位乘客至少准备两个饮料室。横屋勇二充分感觉到这项需求存在的巨大市场，他很快对塞纳进行改造，最后出来的结果就是，塞纳小型货车上多了14个杯瓶托架，还有向上翻转的食物托盘。

日本崇尚极简主义，所以原丰田小型货车在设计上就比竞争对手小一号。但当横屋勇二站在家得宝停车场，看到这里的人所开的小货车和本田奥德赛后面都负载着胶合板。这时，他明白了针对北美市场的小型货车在设计上应该加长车身。

有人可能会觉得横屋勇二花这么多时间穿越加拿大和美国每个州进行市场调查的做法有些极端。但正是横屋勇二这种对细节的极度关注，才让他新推出的塞纳小型货车一登陆北美市场，就大受欢迎。相比之下，通用汽车推出的阿兹特克的市场反应就显得差多了；因为通用在阿兹特克的测试上完全不顾用户提供的需求意见，只是简单快速地依赖同质团队所提供的信息进行决策。很多时候，创新想法基本都是团队领导自以为是的结果，甚至没有考虑到目标用户的需求，对他们提供的大量需求数据也完全置之不理。产品在测试时要确保测试对象包含有你的目标用户，而不是简单依赖那些所谓全球专业人士的意见。即便都是些纸上谈兵，他们还是认为自己了解用户的需求，同时，还要考虑到目标用户的社会经济地位，并获得他们对你所设计的产品和测试的反馈。产品应该花更多的时间直接对目标用户进行测试，虽然时间有些漫长，但终究能够真正解决用户需求。这让你的产品不再只是一个创新设计概念，而是一款有实用性的产品。**乐高的 CEO 说过："如果你想了解动物的生活，你就不能去动物园，而要去丛林。"**就是这个道理，靠想象跟单纯的数据设计出来的产品，在市场上是站不住脚的。

颜色的力量

是不是黑色食物会让大家感觉它的味道与其他颜色的食物有所不同？是的！威廉·立德威尔（William Lidwell），是设计界和创新界的精神领袖，他对胶制品的颜色做了深入研究。他要求测试者品尝四种不同颜色的果冻，分别是红色、黄色、绿色和蓝色。这四种果冻的味道其实是相同的，但是测试者事先并不知道。当测试者被蒙上眼睛时，让他们品尝果冻，他们说不出这几种果冻的味道有什么不同。但当他们没有蒙上眼睛做测试时，他们一直认为每种颜色的果冻对应以下的味道：

> 红色果冻：甜味，品尝起来像草莓；
>
> 黄色果冻：酸味，品尝起来像柠檬；
>
> 绿色果冻：甜酸味，品尝起来像青苹果；
>
> 蓝色果冻：味道有些古怪，品尝起来像椰子味。

然而，在现实生活中，这几种果冻的味道是一样的。颜色会“改变”味道，如果从跨文化的角度对这个结果进行研究的话，得出这些不同反应的过程是挺有趣的。既然味道会因为颜色而改变，在设计产品时，大可以采用不同的颜色迎合本地人口味。

2008 年，中国四川汶川发生大地震时，许多跨国公司将他们的中文主页改成了黑色，沉重哀悼地震中逝去的 6 万多条生命。不过，不知道你们注意到没有，在中国丧服的颜色是白色而不是黑色。而且在中国文化中，黑色通常象征着邪恶、腐败或非法活动。好在大多数中国消费者可以理解黑色主页背后的善意。然而，如果这种类型的错误应用到产品中，就有可能造成巨大的损失，还会导致公司与消费者之间的业务黏性降低。有关文化差异更糟糕的案例还有美国航空公司为一位首次从中国飞往美国的乘客送上了白色康乃馨，然而，在中国文化中白色是用于葬礼的。天哪，这让远道而来的宾客该怎么想！

对于任何文化规范和描述而言，过于刻板，不懂变通是大忌，比如在颜色上很死板的规定某一种颜色。其实个性不同，对颜色的反应是不同的。这里有一些全球主要文化里关于颜色的引用指南：

> 红色是许多文化中最受欢迎的颜色。传统的中国新娘结婚时都会穿红色，显得喜庆。红玫瑰也是情人节最常见的礼物。不过，用红色

代表突发事件和警告在全世界许多地方也常见。所以必须谨慎使用红色，因为它对于世界各地许多文化而言，所抒发的情绪过于强烈。

绿色目前已成为全球环保运动的主色调。但是在传统上它属于伊斯兰颜色，特别是埃及这样的国家，会认为这是他们的国色。相比之下，绿色往往是疾病的象征，在许多亚洲文化中和历史上，绿色是丈夫遭到妻子背叛(即中国传统文化中说的绿帽子)的标志。在北美，绿色常与金钱和财富挂钩，因为他们的纸币是绿色的。

白色在许多西方文化里代表着纯洁和清白。但是在大多数亚洲儒家文化中，白色是丧服的颜色。同样的，在印度，爱人去世后，家庭成员也会身着白色服装。在西方如果看到穿着白色服装的女人，有可能是新娘，但如果是在亚洲看到穿白色服装的女人，那有可能是在奔丧。

工作的时候你其实大可不必把各种文化的颜色含义都了然于胸，这本来也是不可能的。不过，文化智力设计应该有意识地感知不同颜色的含义。你需要确保你的设计进程能够收集到不同文化背景的用户需求，包括他们对颜色的不同反应，并要求团队成员、用户和当地专家提出颜色建议。

案例：网站设计和测试

在任何时候、任何行业中，创新设计都是必要的。汽车行业中，汽车工程师在设计新型车辆；医药行业中，护士创建新的药物记录图表；另外，航空行业为提高登机手续的办理效率,不断提出一些新想法。这些都需要创新。不过，为了使我们对创新设计必要性的表达能更具体，让我们来看一个例子，在21世纪，几乎每个企业组织和用户每天都会浏览主要的网站。那如何在网站设计和测试时，尽可能削弱文化差异带来的负面影响呢?

其实你只需要不耻下问，多跟朋友们交流，问问他们对你的新网站感觉如何、喜不喜欢，你很快就能发现个人口味会决定大家对你的网站设计的满意度。调查的朋友越多，得到不同的观点也就越多。戴安娜·希尔做了一项关于文化差异引起消费者浏览网站偏好的调查。她的研究结果一致表明，消费者更喜欢浏览那些专门为他们打造的网站。更多的消费者认为他们所喜欢的网站能提供他们感兴趣的信息，带给他们极大的信任感和满意度，也很容易培养他们对此类网站的忠诚度。

不同层次的用户会下意识地根据他们的情况筛选网站，自动将网站分为专业知识网站、权威网站和官方网站。层级制公司的企业内部网站通常会划分为管理者和非管理者两个不同部分。此外，多层次常常也能让一个网站显得布局合理、视觉效果生动，往往有效地选择和获取信息的特权会比较受用户欢迎，因为这样较容易定位和搜索信息，网站的视觉因素会容易引起不同区域人群的共鸣。相比之下，崇尚平等主义文化的网站更喜欢非正式的布局、明确的访问路径以及提供更多通过网站浏览信息的选项。设计网站时，要考虑网站与用户之间灵活的互动，在用户发生错误时对他们进行正确引导是非常有用的，这会增加用户对网站的忠诚度。当然，网站能不能受欢迎，视觉元素是首要的因素。越来越多的西方用户倾向小字号文本，更喜欢浏览图片多的网站。

可口可乐的科威特网站采用分层背景、条理清晰的信息布局以及有限的网站访问选项。用户可在图像的指导下，轻松浏览该网站。此外，该网站还浮现了许多凸显可口可乐重视粉丝的灿烂形象和财富人物。然而，可口可乐在爱尔兰的网站却采用了不同的设计和结构，而这一切都是基于爱尔兰的平等文化。该网站存在搜索功能，为用户浏览提供了多项选择。网站的图片呈现出有趣、友好的团结气氛。如果你在爱尔兰采用铺张奢华的风格设计网站，就会让这里的消费者心生厌恶，大倒胃口。

如果是为个人主义文化占优势的公司设计网站，那你可以重点突出个人的成功历史，表现公司的活力氛围；如果是为集体主义文化占主导的公司设计网站，应该重点表现该公司领导的风范以及该公司对社区和社会利益所做出的贡献。网站布局是企业和用户沟通的桥梁。文化智力设计的目标是从不同角度理解文化，对文化有全面的认识，而不是刻板或想当然的假设用户的爱好。

网站的设计风格对于企业 / 组织而言非常重要，消费者能在浏览网站的几秒内就感觉出该企业 / 组织的诚信和信誉。研究指出，网站的后端设计和局部的前端设计对于网站的整体效果而言非常重要。用户喜欢看到能反映他们的需求和口味的网站。对早期的用户多样化迭代设计进行测试，同时在网站最终上线前，还需要考虑用户的反馈意见，将各种创新方法揉入其中，对网站进行调整。

任何有网站的企业 / 组织都可以实现全球共享，因此这些组织 / 企业需要考虑如何让他们的网站和内容实现跨文化交流。可以考虑在网站设计过程中融入文化因素，增加网站的审美价值，为用户提供高质量的感性享受，增加他们浏览网站的意向。

确定设计的相对重要性

品牌和设计公司会说服你在设计产品或描绘品牌整体形象时，要重视差异性，这样才能让你的产品在全球竞争中脱颖而出。不过，设计因素的重要性是与其他两大因素密切相关的。

首先，如果你的产品已经入市，或正处于激烈的竞争环境中，这个时候，设计是非常关键的因素，它能让你的产品与领域内的众多产品区分开来，博得用户的眼球。周芬（Fen Hiew）是一名业务兼 IT 策略顾问，为许多全球公司提供服务。他说，当你想让你的产品定位与其他相似的产品区别开来的话，首先，你要让你的产品在设计上独具特色，让大家注意到你。

DRIVEN BY DIFFERENCE 案例

设计制胜，Airbnb网站的崛起

例如，在这方面成绩突出的Airbnb网站，是一个将短期租客和房屋主连接起来的网站，双方可以到上面发布自己的房源信息和租房需求。这些短期租客往往偏好在出行时住在家里而不是酒店。其实在Airbnb上线前，就已经有很多为个人租户提供出租房屋的网站了，但生意一直都不温不火，直到Airbnb网站出现。该网站之所以能在市场上站稳脚跟，还是因为其设计简单、美观，用户可以轻松根据自己的需求，依据图片和地理位置，搜索到自己想租赁的房屋。登录Airbnb网站的人们可能会认为Airbnb网站所提供的服务与那些私人房屋租赁或度假租赁所提供的服务是不一样的，事实上他们的性质是一样的，只是存在一些轻微的差异罢了。归根结底，对于用户而言，Airbnb的主要贡献是，为他们提供直接与业主对话的平台。可以说，能让Airbnb网站成为房屋租赁领域的领头羊，网站设计是最为关键的因素，正是这点让Airbnb成功地瓜分了酒店市场。

然而，如果你的创新源于其他人没有的核心能力或你可以提供其他人不具备的服务，那么你可以将重心放在产品 / 服务的独特之处。在这种情况下，产品设计的重要性会居于次要地位，但是次要并不表示该被忽视。设计依旧很重要，你可不能向你的用户提供笨拙或糟糕的网站；当然了，如果你所提供的服务是独一无二的，那用户其实也不会过多注重你的网站设计了。你的价值定位要和你所能提供的新服务或功能紧密挂钩，而不是跟你的设计挂钩。Airbnb网站之所以能挤进竞争激烈的旅游网站领域和度假房屋预定领域，很明显他们的设计和图片是最大功臣。但是，凡事也不能一概而论，当亚马逊首次进驻在线零售市场的时候，那会儿电子商务刚刚起步，面临的竞争较小，所以亚马逊也没费太多功夫就占领了该领域。不过，从亚马逊对网站版面的全新改造来看，

亚马逊对网站设计越来越重视了。其实对于亚马逊的用户而言，他们对网站在线购物的安全性、购买方式的灵活性以及保障性的看重远远超过对网站的设计本身的重视。亚马逊最大的魅力不在于它的外观特点，而是它提供了创新的买书方式（现在更多），简单快捷而且能保证用户的资金安全。

与 Airbnb 相比，网站设计的因素对亚马逊的早期成功影响并不大。不管怎么说，设计网站的时候，确定网站用户的层次，结合你的创新理念，设计出适合你目标受众的视觉效果还是很重要的。当你对不同版本的网站进行测试时，要注意针对不同用户调整设计重点，然后利用你的多样化团队考虑战略问题，并以此创建文化智力设计和塑造原型。

为多样化用户进行创新设计和测试时，需要考虑的5个问题

文化智能创新要求有意识地考虑如何为多样化用户进行创新设计和测试。当你在设计和创造创新产品时，要充分利用多样化团队的力量，并花一定的时间考虑和应对以下问题。

问题1，我的产品应满足什么需求？

你是否必须创造需求（如iPod或星巴克），还是你的创新产品能激发潜在的需求？哪种文化最难发现其中存在的需求？需求将会如何影响你的设计？你应该花时间来确定目标用户的真实需求，这样有助于你确定自己的创新方式。

当可口可乐开始将个人名字刻在可乐罐上时，说实话，可口可乐这种号召众人分享的营销措施，我当时看不出有什么特点。我觉得我买的是可乐，好喝能解渴就行了，我没必要关心上面写着谁的名字。像戴维这样的名字，我从没觉得刻在罐上就会显得这款产品有多个性化。然而，个性化的可乐罐却在美国南方市场产生了巨大的影响力，许多人首次看到这种为他们量身定制的产品，上面还刻有他们的名字，像席尔瓦、布勒等。可口可乐全球团队建议自己的公司进驻美国大学，在大学里设置机器，从而让校园里的千禧一代可以通过机器在可乐罐上随意刻下他们想要的个性化内容。

这就是文化融合创新法的好处。它能激发不用用户的内在渴望。约翰内斯堡的消费者可能就不太需要个性化的可口可乐产品，因为这里的大学生对这种定

制罐不太感兴趣。但想让个性化的可口可乐产品风靡全球，还需要研究南非和美国千禧一代的行为，倾听自己公司的多样化团队的想法，同时采用文化创新融合法，继续可口可乐的“分享”活动。

理解客户需求，观察用户在使用创新产品时的行为（例如，他们在家里使用洗涤剂或在工作场所工作）。描述你想做什么，然后将你的想法投入设计阶段。产品的视觉效果和示范案例非常重要。许多用户对产品的视觉效果的反应远比文字描述要强烈得多，毕竟前者较为直观，特别是在高情境文化体验的设计中，视觉效果会给用户带来更真实的体验，从而得出更准确的反馈结果。

问题2，思考消费者需要什么样的知识?

各知识假定其实会阻碍产品的创新过程。消费者知道如何高效地使用新产品吗？应该为消费者提供什么样的指导和支持?

像往常一样，你应该率领你的团队研究多样性的知识缺口，看看你们还要补充哪些知识，而且不要流于表面功夫，有些事情表面看上去是这样，但实际未必这样。你一定要深入事件的背后，看到里面隐藏的问题和知识，这才会对你的设计过程产生真正的帮助，而且要学会随机应变，不是每种研究方式都适合所有用户。有的用户靠直觉就能判断，但另一些用户就未必了。在市场上，有人在购买东西时，往往选择各方面都稳定和确定的产品（高不确定性规避），所以明确你的产品的信息非常重要，这些用户不愿意买一件功能模棱两可的产品。相反，对于另一些用户而言，他们通常不喜欢过于细致和死板的信息（低不确定性趋避），他们更想从探索各种可能性中获取乐趣。

大多数企业组织都缺乏强调知识共享的概念，在收集团队独特见解方面也很失败。要想成功运用文化融合方式完善你的设计，就需要来回放大各方意见之间的差异，找出适合你的观点，用它们来指导你的决定。你需要让团队成员们各抒己见，借鉴不同的经验和价值观，这才能引导多样性转变为创造力，从而为用户提供更多有效的解决方案。

问题3，设计需要沟通什么?

设计过程中需要在不同文化之间进行怎样的沟通，这一点必须经过严格评估。它应该包括以下方面：

- 需要什么样的颜色？这种颜色带给你什么感觉？
- 对这些图片的感觉怎么样？是不是还隐藏着你不知道的意思？
- 如果你的产品设计使用了符号，那用它们在不同文化中都代表了什么？
- 你怎么解决语言差异这个问题？
- 其多层次功能将如何影响不同文化的用户？

许多潜在的用户对这一类型的问题是不会有反应意识的或给你提供什么选项的，所以你需要利用你的多样化团队去创造性地探索这些问题。在今天这个图片影像的世界，不能只靠蛮力，还得讲究细节。你需要对用户的内在渴望了解得很透彻，这样才能设计出好的产品，然后对产品进行不断的测试，再设计，再测试，最后才会出来一款符合目标客户需求的产品。

问题4，你应该测试谁？

因为受到时间约束和效率要求的影响，团队在做产品测试时，往往会采取挑选的方式，这会错过一些实际用户。这种事情是经常发生的，因为团队总会想当然地假定他们很了解用户了，只需要做好内部测试就可以了。但即便你的创新设计数据来源于市场研究和用户，你还是需要借助原型进行实际测试，这才能得到真实的反馈。

即使你拥有一个多样化团队，你依旧需要利用那些外部用户进行测试。用户的反馈意见是你将设计可视化的最佳基础。他们可能会为你的创作带来重要的“民间知识”，这些知识说不定是你的设计团队忽略了的。让你的用户参与产品的原型测试，是一种获得支持和准确预期的有效方式。用户所反馈的意见不见得是正确的，所以你还需要多方面参考其他意见，但是一定要花足够的时间，在对原型进行用户测试上，同时与用户保持好联系，让他们为你提供长期的多样性反馈。你所获得的目标用户的反馈意见越多，对你的产品创新就越有帮助。另外，当你决定摒弃某种用户意见时，你需要跟你的团队说清楚该反馈意见与产品创新无关的原因。

问题5，原型需要很复杂吗？

选择不同类型的头脑风暴原型和一定复杂程度或保真度的原型，会让你的新产品测试无需投入太多时间和精力就可以得到较为精确的反馈。其实用于测试的原型不建议过于复杂，不仅仅是因为这样的原型会太过昂贵，主要是因为用户在面对过于复杂的原型时，很难将他们真正的意图表现出来，这会让这场测试沦为形式主义。同样的，原型越简单、越多、越原始，用户就越容易通过它表现自己的意图，产品也就越容易借助用户所提供的反馈意见塑造成型。从一开始就按比例砍掉一些不适用的东西，会让你的测试避免很多麻烦，也会省下很多开销。

低保真原型作为实物原型，既便宜又便捷，它能够让客户对产品作出快速反应，并提供直抒胸臆的建议。用低保真原型对用户进行测试的时候，当他们感觉效果很好，他们会当场就把感觉写出来，而不是提前打好腹稿。低保真原型会让你快速获得用户的反馈。丹·罗姆（Dan Roam）在《餐巾纸的背面》（*Back of the NapKin*）中就提供了一个很有用的策略，通过一张餐巾纸让大家快速简略地写出新概念和产品。

多媒体保真原型是在数字设备上完成模拟实验的典型。它们可以展示目标系统的部分功能。多媒体保真原型较为复杂，功能有限，不过还是能为客户提供更为微妙的测试。但要注意，这些原型造价都较高，而且有可能让你的测试在瞬间崩塌，是否能成功取决于文化背景（有的用户就喜欢高水平的测试原型）。对于原型而言，多媒体的保真度是非常重要的，用多媒体保真原型来对设计进行微调是最好的。

只有在极少数情况下高相似度的原型才是好选择。不过，对某些文化而言，精准地调解新产品或服务非常重要。它们通常希望样品就是最终产品。

小结

多数人需要有形地体验某种创新，才能对此提出建议，因此最好能够花时间开发和测试原型，以此预测长期推动创新的多个变量因素。设计过程与你从中获得的反馈同样重要。你在构筑共同心理模型（第6章）阶段所花费的时间将在本阶段得到回报。你将需要不停地访问共同心理模型，才能解决不可避免的冲突和挫折。

如果在检验过程中，你发现用户主要关注创新的某个部分，不妨考虑放弃其他部分，专攻这一部分。某些在摸索中前行的公司通常只有一小块业务是真正奏效的，但它们却不愿放弃其他没用的。你的时间和资源都是有限的，所以应该集中精力关注最适合用户的内容。

设计和检验个人创意时，务必要使它显得更简单，这样容易得到反馈。了解人们对你创新的反馈才是最为关键的。

设计：为不同用户创造和检验

观察不同用户如何检验原型，并对设计进行相应的调整。了解用户最注重和最不注重的特点。

√列明将检验原型的不同用户。

10

交付

执行全球解决方案

THE PROCESS

OF

DELIVER

阅读地图

DRIVEN BY DIFFERENCE

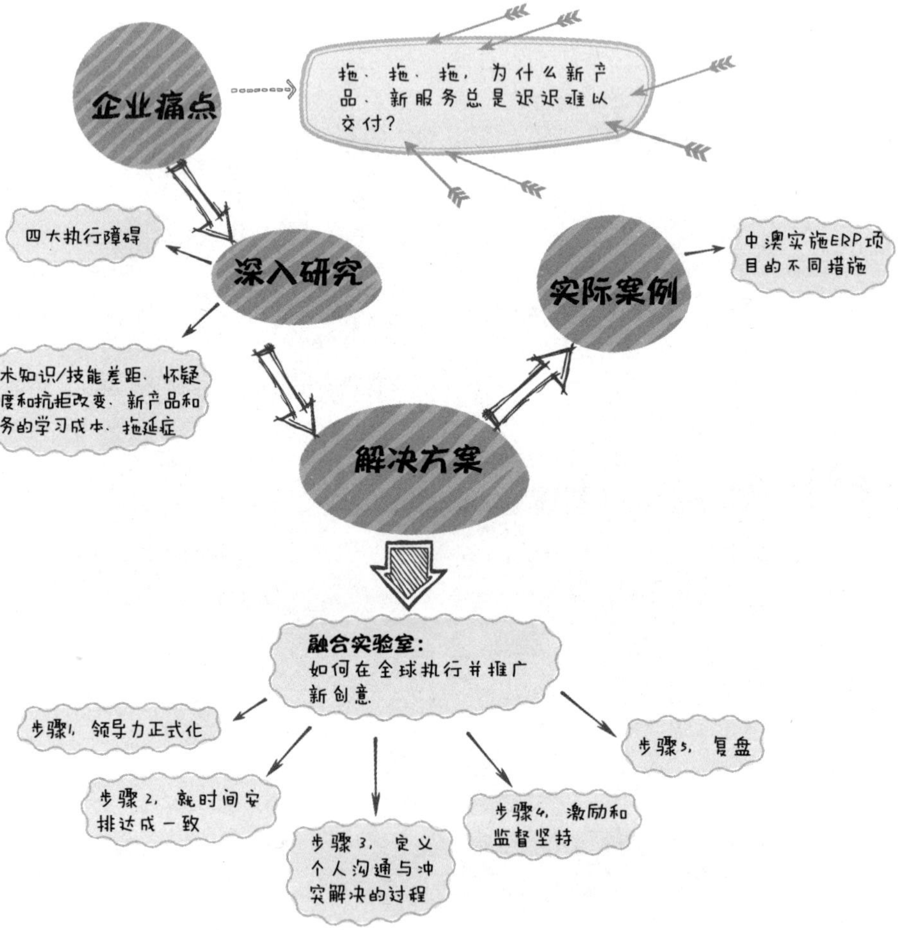

交付 10

与我们的文化智力中心合作的一家美国公司近期与德国一家机构合并了。在合并前，两家公司的价值观类似，而且也都有极具创新意识的美名。然而在合并后，最明显的内部冲突就是公司对速度与细节关注程度的差异。德国公司习惯制订特别详细的项目计划，需要集中思考与审核。而对美国人而言，惯例就是最快地执行，即便可能没有完美地进行微调。哪怕通常自认为是团队中最注重细节的美国工程师也表示他们需要没完没了地跟新的德国同事说："我们无法预测每个可能出现的假设场景。我们只需要制订 80% 左右的计划，然后在推入市场时进行适当的修正就行。"美国员工总是被他们认为是不必要的延误所困扰，而德国员工却震惊于对方不细致却迅速的行动。

在一项关于德国与美国公民工作情况的对比调查中，德国参与者表示："美国人的工作速度比德国人要快两到三倍，他们完全是以目标为导向的。不过，如果计划无效，他们就会在 3 个月后完全推翻。但在德国，一旦计划执行就难以改变。"不论是注重速度还是注重细节都可以实现成功的创新，而如果使细节和效率融合，就可以产生更好的方式。多样性有助于成功执行创新但也可能打破这种成功。

如果好点子无法有效地执行就一文不值。50% 以上的技术创新最终都没有得到成功地执行。有报告预计公司每年因未能有效执行其所开发的创新项目而损失了 5 000 亿美元以上的潜在收益。

改变世界的想法是在不那么具有吸引力的执行计划基础上建立的，进而才能将之转化为真实世界的解决方案。只要你制订执行计划，多样性就不太可能妨碍执行。如果你有意识地通过 5D 过程的每一步管理多样性，就会占据有利位置进行有效的执行。

执行中存在的障碍

多样化团队在交付创新解决方案时会面临一系列障碍，这不是某个团队所独有的问题，而是所有多样化团队都需要考虑的额外变量。

技术知识/技能差距

某些创新需要用户掌握新的技术知识和技能。对于早期采用者及适应模糊性的用户而言，这通常不是个问题。他们乐于有机会尝试新的东西，但对其他人而言，学习某些新东西相当可怕、压力沉重，而且很耗费时间。项目工程师是否愿意采用新技术创新与新技术的复杂程度直接相关。如果新技术比被替代技术复杂得太多，那么工程师就不太可能使用该技术来创新。个人的文化环境如果以短期结果为导向，也就是注重迅速取胜，那么相比于那些更注重长期结果的文化，它们可能更会因为执行复杂创新所需的学习曲线而倍感困扰。

怀疑态度与抗拒改变

采用和执行某项创新通常是由高层决定的，而不是创新的目标用户。这也就提出另一个与执行多样性创新紧密相关的问题。目标用户可能不相信自己真的需要这项创新，特别是在澳大利亚和以色列等平等主义文化或是在千禧一代的群体中。用户抗拒强制要求改变的现象可能是管理层需要考虑的问题。犹豫不决可能是怀疑、不愿改变或者是认为产品没有真正理解需求的体现。而管理层却会经常告诉员工不管怎样都必须采用这项创新。

利用多样化的想法和视角来考虑创新如何更好地进行开发和执行。预测可能出现哪些类型的抗拒行为，突出开发创新所采用的意见多样性。利用团队的融合为不同用户提出不同的执行计划。

某些性格和文化对任何新事物都持有怀疑态度，这点在职业文化中较为明显。教员一般在整个学术生涯中都会通过社交寻找当前研究或教学工作的差距和不足。因此，不少教员会怀疑新方法，寻找不足之处。针对持有这类态度的用户推进创新就需要更全面、合理的过程。

某些创新可能要求个人做出自己不愿意的改变。它可能要求用户更独立自主地开展工作或必须更多地与他人协作，抑或去干预与之偏好的工作风格和文化价值观相违背的事情。在一项调查中，研究人员要求一群医生和护士执行一个创新方案，以治疗患有糖尿病的人。这个方案是以患者掌握个人病情的相关专业知识为基础的，这些信息是多数医疗保健的专业人员都没有掌握的。鉴于患者实际每天都与糖尿病“打交道”，这种创新就是围绕着帮助患者更好地诊断和治疗个人症状而提出的。医疗人员都曾在概念上接触过这个想法，但实际上这个方案却与他们之前所受训练的根本理念相违背。他们都是专家，获取报酬就有义务告知患者应该做什么。他们接受培训的方式对个人观点会有一定的影响，而且也正是患者期望医生做的。因为医生、护士和患者这些主要执行者之间基本的、潜意识价值观和规范，所以根本无法成功执行该创新。

耗费时间

即便某创新据称可以节约时间，通常也需要额外的时间和精力进行过渡。有效地执行通常需要培训、解决问题和投资时间与支持，因而最初会降低其表现。即便是最有益的创新也可能在短期导致团队表现更差。虽然管理人员和目标用户可能清楚创新最终将改善表现，但也有许多人会不愿意接受在此之前表现变差的问题。考虑到对于速度和首先进入市场的强调，采用创新所需的时间可能是有效执行的威胁，特别是对西方人而言。在执行阶段越是有意识地解决这个问题，结果就越好。

这是我所在多样化团队为我提供真正帮助的方式之一。我是注重完成任务的人，所以相当关注生产力。不过，在过去几年里，我观察到，不少同事花费更多时间制订更全面的计划、更强调过程的方法，从而得到更好的解决方案。这使我更好地理解了此举的强大作用。

拖延症

拖延症是执行中最大的障碍之一。**在动机研究方面颇有建树的皮尔斯·斯蒂尔（Piers Steel）表示拖延症通常有三个起因：期望度低、价值低或本能冲动**。期望值低就是对创新方案的成功不太有信心。价值低是指你觉得执行某想法所得到的回报不高。本能冲动是指其他优先事项和请求分散了你的注意力，使你无法集中精力执行某创新方案。融合团队通过花时间讨论三大拖延因素对团队的不同影响，可能会因此受益更多。要求每个人都针对团队发布的创新方案进行价值水平和期望值的评级。同时明确不同成员最常见的分散注意力的因素。在多样性的环境中，如果某人需要照顾家庭成员，又要应对上级的指示，那么使他分散注意力的因素就会与其他人不同。其他人除非出现真正的紧急情况，否则自己就能单独完成工作。

解决拖延症的最佳方式就是回到 5D 过程之初开发的共同心理模型（第 6 章）。共同目标有助于在整个执行过程中使团队成员保持同样的愿景。理解拖延症因素如何对团队产生不同影响，有助于在关注共同结果的同时增加彼此的耐心程度。

每个创新团队遇见的悖论就是发展会创造复杂性，而复杂性会威胁发展。小奥利弗·温德尔·霍姆斯（Oliver Wendell Holmes, Jr.）是美国最高法院前任法官，他最著名的一句言论就是："我不会在复杂情况下关注简单的事情，而是会不惜代价地在复杂中创造简单。"多样性会催生更复杂的想法和设计，而这类想法和设计才是制订真正具有变革性解决方案的基本要素。不过，就复杂性而言，它会对有效执行产生消极影响。这就为我在本章开头所讨论的德美公司兼并提供了机会；两家原创公司可以一起实现美国和德国的融合优势。德国团队习惯于对细节和复杂性给予必要的关注，进而产生更好的创新结果，而美国团队更倾向于一路解决复杂问题，为用户提供简单的措施。这两者的结合会创造融合文化，在复杂和繁琐中产生创新的同时也为用户提供简单、人性化的解决方案；因此，双方协作的结果就会远超销售所预测的情况。

盎格鲁与儒家，文化差异如何影响ERP的实施

企业资源计划（ERP）是多家跨国公司使用的一款软件集成解决方案，旨在将所有标准商业流程同步到同一系统之中。执行 ERP 通常需要耗费数百万

美元，但大型公司认为这是长期可持续发展所必要的投资。多数 ERP 项目花费的时间和金钱比预期的要多，是因为计划不够充分或根本就无法协调不同职能部门、不同性格和不同文化背景的人在一起工作。

格雷姆·香克斯（Graeme Shanks）和他的同事调查了文化差异对中国一家大型电梯公司以及对澳大利亚发展最快的石油精炼厂 Oilco 的影响（参见表 10-1）。在研究时，该电梯公司年销售额为 4.5 亿美元，占据中国电梯市场 20% 的份额，年增长率为 15%。公司高层发现为维持整个公司不同信息系统会耗费高额资金后决定采用 ERP 系统。数据重复是一个大问题，而信息技术人员的技术专业知识很有限是另一个问题。

表 10-1　　中国与澳大利亚公司 ERP 执行情况

中国电梯公司	Oilco：澳大利亚炼油厂
共同的目标： 大规模执行 ERP 系统 **共同的成功因素：** 高层支持 不同的职能部门和用户都是检验和执行的一环	
特殊执行策略： （中国企业） 外部专业经验 明确目标和数据准确性，指导执行	**特殊执行策略：** （澳大利亚企业） 内部支持 国际变更管理流程

Oilco 拥有约 20 亿美元的资产，是全球最大的跨国石油公司在澳大利亚兴建的子公司，其 1 800 个地点构成了覆盖整个澳大利亚的网络。与中国电梯公司相似的是，Oilco 领导层认为需要集成信息系统来降低成本，协调所有地点的工作，提高为消费者提供服务的速度和质量。Oilco 需要先进的 ERP 系统才能满足每小时处理 3.5 万笔交易、每天处理 1 000 多笔订单的需求。

中国电梯公司和 Oilco 都相信高效、综合的 ERP 系统是公司长期成功的基本要求。两个项目都是大规模运行 ERP 系统，两者都采用分阶段、逐渐实施的过程。高层的承诺和支持是两个公司成功的关键因素。此外，两个公司都因为执行团队是信息技术人员和终端用户的融合而获益，因为如果合理管理这种多样性，它就会成为推进新软件系统成功实施的基本要素。

不过，不同文化使 ERP 执行方法之间也存在某些差异。对 Oilco 而言，在每个运营点都有 ERP 项目的支持者至关重要。支持者没有正式的权力，但会以非正式方式在同事之间宣扬 ERP 项目的价值。然而，支持者对中国电梯公司而言却没有太大作用。在中国，高层是真正主要的支持者；其他人是否认为项目重要对创新成功没有太大影响。

改变管理方式也是澳大利亚公司需要处理的另一个关键因素。项目团队清楚他们需要提供具体计划才能说服整个公司接纳，并且他们还要考虑影响推动项目实施的具体情况。不过，在传统的中国公司里，公司程序通常是由上而下传达的。高层负责项目执行，所以有意识地改变管理方式的计划就不太可能变为关键的成功因素。通常参与其中的每个人都更相信高层会做出最好的选择。

中国电梯公司认为外部专业经验是在整个公司实施 ERP 系统的关键所在，但这对 Oilco 采用的实施策略而言却并非如此。中国文化通常比澳大利亚文化更注重外部专业经验。

此外，中国公司比澳大利亚公司更清楚地强调明确目标和数据准确性的重要性，这点反映出澳大利亚与中国对确定性的追求存在重大差异，中国通常更注重降低不确定性和模糊性。而明确目标的重要性也反映出儒家文化对待工作和项目是以系统过程为导向的，而不像澳大利亚等盎格鲁文化那样强调以结果为导向。

通过对比两家公司执行 ERP 的过程，我们能发现在交付创新解决方案中会反复出现的某些差异。过度利用这两种独立的方式可能会很危险，而融合方法就可以两者兼顾；通过支持者和高层来创造价值和预期，但为了保证有效执行某想法，多样化团队需要吸收每个成员的差异性，通过合理组织实现最成功的实施。

如何顺利地把创新产品推广出去

想成功利用不同文化执行想法以及为不同文化成功执行想法，都需要花费时间制订交付计划。执行的融合方法要求关注下列领域。

步骤1. 领导力正式化

在成功执行某想法的过程中，领导力发挥着基础性作用。虽然这听起来像废话，但却有不少容易忽视的情况。采用全球领导力矩阵模型的公司会忽视领导力正式化的重要意义，特别是对临时团队或项目而言。融合团队的领导人需要考虑融合领导力由下至上/由上至下的悖论（第8章）。这类领导力的正式化包括下列因素。

· 项目领导

多数团队需要某个被明确授予权力的人来领导整个团队。即便是在平等的环境中，如果不清楚项目管理的最终负责人是谁，团队也会变得困惑、迷茫；对那些更注重等级的团队而言，这点尤为关键，而几乎全球多数地区都是这种情况！与此同时，项目领导人必须清楚何时及如何保证不同地区或部门由专家负责领导。毕竟，如果你将一群具有天赋的人才集中在一起，团队里的成员就会比团队领导能带来更多关于项目的专业指示。如果不能与其他人分享领导力、所有权及荣誉，这就会使某些参与者很快地脱离项目。因此，项目领导人需要具备很高的文化智力，只有这样他才能最大限度地利用相关方的资源。

· 高层支持

团队领导的主要责任之一就是保证项目团队获得整个公司所有主要利益方的全力支持。从最高领导层处获得反馈和支持是相当关键的。即便想法最初就是由高层提出的，但也不要理所当然地认为对方会始终支持。努力说服高层为项目投入预算和人员。测试高层支持态度的最佳方式可能就是观察他们个人为项目投入的时间。

此外，任何会影响创新的职能部门的管理人员都必须支持该项目，以保证项目成功。项目目标必须被看作是所有相关部门的首要目标，否则团队成员个人就很难找到必要的时间和资源来完成自己的任务。在团队获得高层的充分支持后，就能保证公司内的所有人都理解团队目标及如何与全局相协调。

· 支持者

在某些情况下，特别是在Oilco之类的平等文化中，获取不同部门的支持相当重要。这不是一个正式角色，而主要是以个人身份与他人分享想法及价值。成功执行想法通常离不开个人的努力贡献。某些文化和个人希望能详尽描述如何执行想法，而另一些人只需要清楚这个想法是否以及如何直接影响自己所在的领域就行。融合方法包括更好地与那些支持者合作，他们在得知即将出现的创新后大受鼓舞。

步骤2. 就时间安排达成一致

在执行过程中，不同的时间定位通常是导致多样性冲突的罪魁祸首，这都是由于不同文化对截止日期、做决定以及执行过程应该花费的时间量存在不同预期所导致的。

我追求速度，几乎不会放慢脚步，而在决定方式方面也同样讲究速度。我希望直接处理、分析细节之后就做出决定。这点也同样适用于我所处理的项目；快速上手，努力工作，完工之后再进入下一个项目。相比之下，我的一名亚洲同事就偏向于更全面、详细的过程，而她的典型工作方式就是在最终确定前持续分析、修改项目，有时会反复十几次；她甚至会在该过程中多次以完全不同的方式重新开始。我们曾经讨论过彼此方法的差异性及每种方法的优势，并最终制订出了一种融合解决方案；我们同意针对所处理的项目至少重复审查3遍，但不得超过5遍。这绝不是单纯的让步妥协。我们在采用这个方法之后，发现实际会提出更好的结果，因为我们都需要从原本偏好的工作方式中放弃某些事情。她会深入地研究复杂问题，而我会保证大家关注进度情况。两人携手不仅会容纳双方的偏好，而且会超越于此。

对于不注重准时和坚持的个人与文化，请确保他们理解延误会如何妨碍整个项目（假设会延误）。如果他们清楚截止日期不仅是某人设定的人为目标，忽略它会严重危害团队的效率，那么他们就会更有动力在截止日期前完成任务。

一定要说明延误会对各方面产生有害影响。那么，延误将如何破坏信任?

不注重细节过程、审慎思考和多次反复的个人和文化，如果清楚多次反复会得到更好的结果、长期而言会节约时间、建立信任和提供更可持续的方法，那他们就会有动力调整个人对于时间安排的态度。讨论如何基于达到目标的预期制订时间计划，并且考虑如何最大限度地利用项目参与者的各种长处。不同的参与者会有某些重要信息，这是领导者在设定时间安排时并不知道的。如果团队成员和其中存在的群体文化认为领导没有考虑其他责任以及每个参与者所面临的限制因素，他们就会抗拒所规定的截止日期。

步骤3. 定义个人沟通与解决冲突的过程

针对如何沟通、何时沟通以及决定方式制订具体的流程。大家通常多久碰一次面？这类会议的目的是什么？需要什么类型的沟通协议？你的团队越多样化，你就越需要明确地表达出来，什么事情应该/不应该通过电子邮件沟通、何时应该抄送给其他人，以及哪些人应该参与什么样的会议等。同样也应该花时间制订解决冲突的详细流程。

你的团队需要哪类沟通？制订非常详细的计划，保证团队文化差异的共存：

· 应该沟通的内容

· 方式

· 对象

· 频率

在一开始就进行适当沟通可以避免谣言和错误信息的传递，提高团队的目标意识，建立解决不可避免的冲突所需的关系。团队成员本身必须记住要与部门内的适当人员讨论团队正要决定的事情。再次思考你在过程最初所对比的差异（第6章），讨论每个团队成员对于解决冲突（提供和/或接受）的偏好。某些人喜欢边喝咖啡边随意地讨论冲突点，而其他人则可能更喜欢在正式会议上探讨。不要理所当然地认为你的人际交往能力足够解决所有冲突。就融合过程达成一致可以让不同的方法共存，同时也可以继续每个人都同意遵守的基本参与准则。

步骤4. 激励与监督坚持

执行需要持续的责任意识、动力和坚持。问题在于我们通常会假设激励我们的事情也会激励其他人。文化在我们如何得到激励的过程中发挥着关键作用。停下思考完成这个项目对于其他参与方有哪些价值。观察团队不同的价值定位。按时完成项目的好处是什么（或者不按时完成的后果是什么）？金钱奖励等外在刺激因素可能会在一定程度上激励某人按时完成某事，但更可持续的激励却是项目的内在利益以及对希望参与未来类似项目的期待。

某些多样化团队中的成员最关心项目领导是否时刻关注项目动态，比如追踪具体任务的完成和项目进度。其他人更关心领导人是否维持人际关系稳定以及与每个人友好往来。作为保证每个人参与项目的一种方式，融合性团队会将两个问题都考虑在内。共同制订过程、处理任务以及定期整体讨论对某些人而言可能是不够的，但这些确实是在多样性的环境中完成项目的最有效的方式。融合性团队会在完成任务的过程中重视人与人之间的关系。注意：简单地为了完成某事而假装建立某种关系会被直接踢出局。

动机的一个关键构成就是实现进展的自觉意识。在一项研究中，研究人员告诉一群酒店服务员他们清理房间的日常工作就像锻炼一样会有力地燃烧热量。另一群服务员却没有获知这个信息。了解到这项体力劳动好处的服务员比不清楚这个好处的服务员减重更多。哪怕只是意识到健康好处也会使其体重下降更多。在进行项目的同时清楚进展情况，会为维持动机产生积极效果。

监督坚持状况也意味着帮助团队成员处理相关限制因素，比如时间限制、预算减少以及其他可能或可能没有预测到的困难。限制因素并不一定就是坏事，反而可能成为创新的有力驱动因素，但这需要谨慎、有策略地处理。

步骤5. 复盘

最后就是发布创新。根据制订的时间安排与原型模型情况，可以分阶段发布或一次性发布。决定采取哪种宣传类型（如有）一定要以适合不同的市场为根本依据，并且要确保所有人都已准备好应对不可避免的小问题。

突出实现创新的不同意见，并且在你进入下一个项目前，准备一份详细的报告以复盘执行过程；从最初定义的目标来评估整体执行情况。你可以从中发现创新需要改善的地方，充分利用错误和问题可以给项目带来进一步的完善。

DRIVEN BY DIFFERENCE
小结

随着团队从大胆的突破者逐渐成熟为公司更稳固的组成部分，团队也可能会面临丧失某些创新权力的风险。团队有必要通过系统、过程、政策等方式提升自己的效率和可持续性。另一方面，正是为了执行创新而建立的系统和过程可能与后面的创新产生冲突。在你清楚这一点前，所谓的工作不过是上班、检查自己待完成的事项以及清空邮箱，而这些不能真正地解决问题和创造价值。领导者所面临的挑战就是维持创始人的创业思路，包括注重行动、长期愿景、强调消费者、运营一线以及避免官僚主义。

我们最需要关注的就是个人生活，要知道许多好想法一直就在我们身边。努力通过创新创造经济价值的团队会产生更多的想法，而不仅限于应该推进的想法。思考新想法是个有趣的过程。不过，通过纪律制订计划并且遵守计划以完成任务却是将想法向前推进的正确方向。体会创新得到执行的满足感就是所有努力的最大回报。

交付：执行全球解决方案

制订详细计划以保证能按时发布，同时为意料外的延误和多种执行方法保留必要的灵活性。

DRIVEN BY DIFFERENCE

评估你的文化智力水平 附录A

为什么某些人似乎相当适应与不同文化背景的其他人交流，而另一些人却觉得与周围环境格格不入呢？难道仅仅是经验问题，或是存在其他的影响因素？这个问题在过去数年里始终激发着我的兴趣，同样也是我们关于文化智力的研究基础：在任何文化中保持效率的能力。

这个世界不乏具有天赋的音乐家、运动员、经济学家和作家。显然，某些人也天生有很高的文化智力；换而言之，他们拥有与不同文化背景的人有效交流、合作的天赋。然而，文化智力绝不是天生的特质，几乎所有人都可以通过后天培养和学习掌握该能力。

哪些人具备文化智力

文化智力水平高的个人可以有效适应不同的跨文化环境，具备四大特殊文化智力能力的优势：文化智力驱动、文化智力知识、文化智力策略及文化智力行动（参见图A-1）。所有四大能力都必不可少，因为仅关注一种能力可能实际导致出现更多文化忽视情况而不是提高文化智力水平。这是因为文化智力需要整体的适应能力。

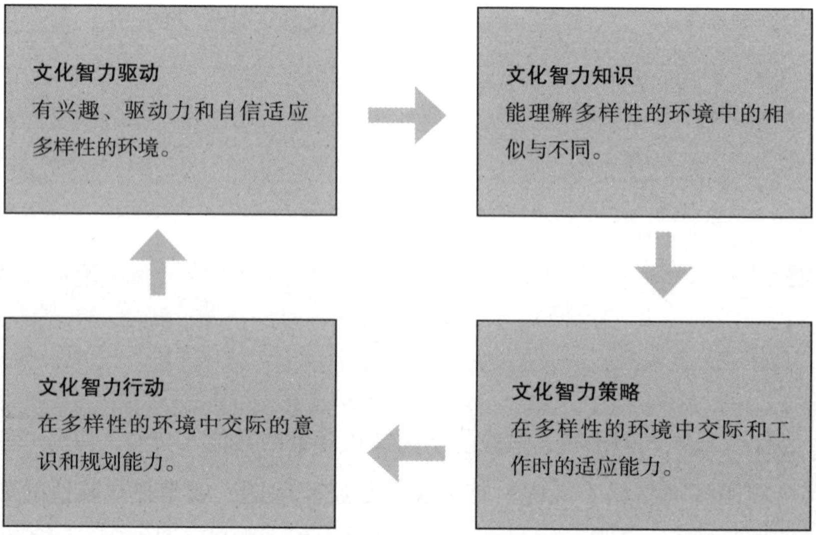

图 A-1　四大文化智力能力

下面是关于四大文化智力能力的简要描述以及与如何在多样性的环境中工作和交流的相关范例。

1. 文化智力驱动：有兴趣、自信和动力适应多样性的环境

文化智力驱动指你是否有自信和动力处理跨文化工作时常出现的挑战和冲突。个人交际和坚持克服多样性挑战的能力是文化智力具创新性的一个方面。许多跨文化培训方法都只是假设，经过激励人们就能具备处理多样性的能力，然而，员工通常对于多样性培训都无动于衷。国际外派人员通常更关心家人是不是同样搬到海外，而不是培养自身的文化理解能力。在缺乏驱动力的情况下，花时间和金钱培训根本没有意义。

跨国公司的美国员工道格曾被派往曼谷管理整个团队，据他表示，在前往泰国前根本不关注曾接受的文化培训。这并不是因为他不在乎，只不过是被为这项培训所作的准备“吓倒”了。整个培训过度理论化，太注重文化典型。不过，毫无疑问他肯定希望取得成功。

文化智力驱动包括内在刺激，这是你从不同文化环境中获得的愉悦程度；还包括外在刺激，主要是你从文化多样性体验中获得的实际利益；此外还涉及自我效能，你坚信自己能在多样性的环境中保持效率。这三种刺激动态地决定着你如何对待多样性的环境。停下、检查你进行跨文化工作的动机。你的文化智力驱动与你在新文化环境中的效率紧密相关。

2. 文化智力知识：理解跨文化规范和差异

文化智力知识是文化智力的认知维度，指你理解文化的程度和在多样性的环境中，文化如何影响交流方式。你的文化智力知识是以你理解文化理念的程度及文化影响你思考和行为的方式为基础的，同样也包括你对于多样性的整体理解。

在道格抵达曼谷后不久，他就发现领导和激励几乎由亚洲人组成的团队根本不是一件简单的事情。虽然他是一位出色的谈判专家，但实际谈判却停滞不前。即便他的管理经验丰富，也逐渐对自己能够在新地方领导好整个团队的能力丧失信心。

文化智力知识最重要的部分就是关于文化体系、文化规范和不同社会价值观的宏观理解。为了有效领导，你需要理解不同文化的沟通风格、主流宗教信仰、对男性和女性的角色预期等。此外，关于整个世界存在的经济、商业、法律和政治体系的不同类型有一般了解也同样重要。你还需要理解文化、语言、模式和非语言行为。这类知识有助于你在新文化环境中工作时建立自信。

文化智力知识的其他关键构成就是了解文化如何在具体领域影响你的效率。比方说，在商界成为一名出色的全球领视袖与在国际大学中成为一名出色的领导者会有所不同；而出国为某信息技术公司工作，与出国为某慈善机构或军事项目工作相比，需要应用不同的文化理解。这类专业性、具体领域的文化知识，结合关于文化问题的宏观理解就是运用文化智力领导的关键部分。

文化智力知识在跨文化能力中的典型方法中最常被强调。跨文化能力是一个日渐壮大的大规模培训和咨询行业，主要教育人们关于文化价值观的情况。不过，虽然宝贵，但文化智力知识产生的理解必须与文化智力的其他三大能力相互结合，否则，其与领导力真实需求之间的相关性就值得怀疑，而且可能会产生不利影响。

3. 文化智力策略：利用文化多样性体验并且相应地计划

文化智力策略指你在多样性的环境中的意识水平及战略化能力。这项能力要求放慢活动速度，仔细观察自己与他人的内心真实想法，也就是思考个人思维过程及利用个人文化背景知识理解不同文化和解决适当问题的能力。它包括我们是否可以利用文化背景知识探索适当的策略，准确地解读多样性的环境中真实发生的情况，检查我们的预期是否准确或是需要调整。

道格总是采用关注培养个人追求、个人目标及“领导大家”的能力的领导风格。虽然他清楚这点与亚洲文化背景相悖，但并无意变为时刻指导下属的领导。因此，他必须制订适当的策略，以便忠于个人想法的同时有效地领导与其价值观不同的团队。

经验丰富的领导者通常会在几乎没有任何计划的情况下参与会议、进入新环境以及一般只适合与文化背景类似的同事或客户举行的会议。通过利用情商和领导经验，我们可以避免“即兴发挥”，因为我们清楚如何回应线索、如何讨论项目。不过，在会议涉及文化背景不同的个人时，不少规则就会有所变化。依赖本能应对新环境可能出现的事情是相当危险的。这也是需要运用文化智力策略之处。

文化智力策略包括计划、意识和检查。计划就是花时间准备跨文化会面，这包括预测如何对待他人、话题及情况。意识则指在互动中协调个人与他人的想法。检查指监督我们在互动过程中的交流，了解我们的计划和预期是否适当；换而言之，就是把我们的预期与实际体验相对比。文化智力策略强调执行，是将对文化问题的理解与实际能否利用理解力有效管理相联系的关键。

4. 文化智力行动：在跨文化交流时适当改变语言与非语言行动

最后，文化智力行动就是你在不同文化环境中适当表现的能力，它影响着你是否实际可以有效地在多样性的环境中完成绩效目标。文化智力行动最关键的一方面就是清楚何时适应另一种文化，何时无须适应。文化智力水平高的领导了解哪些行动会提高效率，随后在此基础上行事。因此，文化智力行动涉及针对具体文化环境灵活地设计行动。

道格对那些英语流利的员工心存感谢。通过与他们的交流，道格掌握了一些基本的泰语，但有时他也会觉得自己必须重学一遍英语。他的助理需要一步一步的、非常明确的指示。在她偶尔提出请求的情况下，道格要颇为费力才能理解她真正的请求。

文化智力行动包括在语言和非语言行动方面保持灵活的能力，也包括言语行为的适当灵活性；在沟通具体信息时使用准确的词语和词组（例如，直接或间接提供负面反馈，或者清楚如何适当提出请求）。

虽然目前跨文化环境的需求使其更难以掌握不同文化的所有行为准则，但在我们与不同文化交流互动时也应该调整某些行为。比方说，西方人需要了解，仔细研读名片的重要意义，这点在多数亚洲环境中都有所体现。同样的，某些基本的语言和非语言行为也会提高别人对我方工作效率的认可。例如，言语表达的口头语气（即大声和轻声）在不同文化中具有不同的意义。此外，虽然我们不一定非要掌握日本鞠躬的复杂内涵，但在接触时适当使用却是必须谨记在心的。总而言之，几乎所有跨文化工作的方法都主张灵活性地看待问题。而文化智力行动就有助于我们加强灵活性。

提高你的文化智力

你的文化智力水平可以提高，只要有兴趣就能培养和学习。下面就是起步的某些基本方式。

思考你的文化智力

首先静心思考你在跨文化环境中工作和交往的能力。通过思考四大文化智力能力，考虑你最强和最弱的领域。

- 文化智力驱动：我对跨文化问题的兴趣程度是多少？

- 文化智力知识：我理解文化如何相似与不同的程度是多少？
- 文化智力策略：我是否清楚跨文化环境中发生的事情，是否能够相应地做出计划？
- 文化智力行动：我是否清楚何时应该做出调整，何时不该调整自己在多样性的环境中的行为？

每个人在某些领域都会比其他人强。协调校正具体的文化智力能力才能提高你的整体文化智力。

评估你的文化智力

不少经学术验证的文化智力评估已经被证明，它可以预测你在跨文化环境中是否能有效地从事本职工作（参见图 A-2）。文化智力自我评估是通过反思个人跨文化能力并培养相关意识的绝佳方式。第二步就是运用 360 度全方位的工具，保证上级、同事、直接汇报者、客户甚至是家人都能根据四大文化智力能力及每项的评分范围对你进行评估。如需了解更多关于上述及其他文化智力评估的信息请访问 www.culturalQ.com。

文化智力概况简述

这是个人四大文化智力能力的分数“快照”。注意你的自我评级、观察员评级及其他全球专家评估个人文化智力的规范。

文化智力评级与百分比

低	中	高
此范围内的分数系全球规范最低的 25%。	此范围内的分数系全球规范中间的 50%。	此范围内的分数系全球规范最高的 25%。

□自我评级 ○观察员平均分数

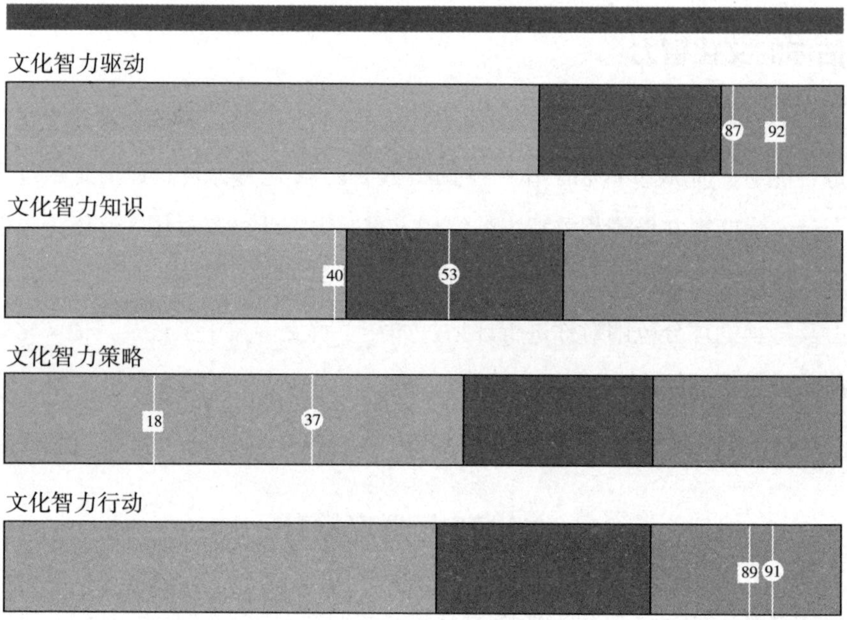

图 A-2　评估你的文化智力

掌握亲身实践的经验

就提高个人文化智力而言，没有任何事项可以代替在职培训的基础作用。理想的情况就是在你有机会出国旅行时，不妨深入地了解一下当地文化。不论你是出差、休闲还是作为慈善活动的志愿者，都最好在旅游景点转转。即便你住在曼谷市中心的香格里拉酒店，也可以坐上巴士来一次真正的地方文化之旅。这会与你从酒店大堂或是星巴克中了解到的泰国文化完全不同。

家乡附近也有大量亲身实践体验的机会，因为越来越多来自不同文化的人都会住在你的附近。比方说，2010 年美国人口普查数据报告显示，在美国现有 5 000 多万西班牙裔，这比西班牙整体人口数量都多。虽然不少西班牙裔美国人住在沿海城市或是靠近南部边界，但我所在的密歇根州中西部小城市的西班牙裔也从 15 年前的 3% 增长到现在的 17%。如果你所在社区的民族多样性仍然相对较小，那么你也可以与那些宗教、政治或年代不同的人互动交流。或者通过集中营销、工程和信息技术方面的跨部门团队来获得某些实践经验。

与不同“次级文化”类型的人合作也可以提高你的文化智力，身为多样化团队一员更可能会比那些封闭独立的个人拥有更高的文化智力。这点听起来显而易见，但工作团队和社交团体中的个人却时常忽略这个事实：与不同同事和朋友亲自交流而积累经验其实可以变成一种财富。

整合个人发展计划

一旦你清楚自己文化智力长处和短处，就可以整合个人发展计划，提高你的文化智力。关于文化智力的研究已经揭示出多个经过证实的策略，它们都与利用文化智力长处以及加强其他文化智力能力有关（驱动、知识、策略和行动）。不少策略可能不像高深莫测的科学一样使你惊叹（说明你的偏见，学习一门新语言，管理你的预期等），但能提高你在多样性的环境中的效率。我们经常会忽略某些利用已有的事情提高跨文化互动和工作的明显方式。参见我在 2011 年出版的《文化智力差异》（*The Cultural Intelligence Difference*），可以了解更多提高每项文化智力能力的策略。

明确你在下周可以做的事，提高自己的四大文化智力能力。下一个月呢？6个月内呢？一年呢？写下你的计划，与其他人分享，邀请他们提供反馈。

学习一门课程

通过书本和课程学习相关文化并不是提高文化智力的必然途径。实际上，某些仅从学术方面了解文化的个人其文化智力比那些从未学习任何文化和多样性相关正式课程的人还要低。如果仅有关于文化的概念理解，而没有对应的动机和策略，实际可能破坏你整体的文化智力。你可能认为你具有文化智力，但实际对于如何运用你通过学习掌握的文化知识知之甚少。

不过，在与其他文化智力能力结合的情况下，通过课程研究某文化和全球事件，不论是正式的大学课程或是你的组织提供的培训，都可帮助你提高自己的文化智力。甚至学习与文化和多样性没有直接关联的课程也能起到效果。简单地利用大脑进行批判和策略性的思考可以在提高你的整体文化智力中发挥一定的作用。集中注意力研究文化在世界中的作用及与其他人交流互动，也是另一种提高个人文化智力的有效方式。

更好的方式

虽然在文化敏锐度培训和多样性项目中投资数百万美元，但个人和公司在跨国合作时的实际表现几乎没有任何改进，不论是与隔壁邻居的交往还是与12个时区之外的客户交流也是如此。

尊重和敏锐都是毋庸置疑的价值观，但我们必须超越此类理想化状况，实际寻找成功适应不同文化环境的方式，同时尊重个人内心的坚持。文化智力研究和模型就是适合解决这个需求的独特框架。

首先需要确定你的文化智力水平如何，或者更重要的是你的文化智力最强和最弱的是什么；然后就能获取提高个人文化智力的益处，同时以更尊重和有尊严的方式对待他人抱有尊重。这将使整个世界变得更好。

如需了解更多关于文化智力的内容，请访问 www.culturalQ.com，或者阅读《依靠文化智力领导》(*Leading with Cultural Intelligence*)、《文化智力差异》。

DRIVEN BY DIFFERENCE

附录B 文化价值纬度相关词

本书经常提及的文化价值维度有助于区分不同文化。虽然关于不同文化价值维度已有多本著作，但是对于不熟悉相关术语的人而言，下文是十大最主要的文化价值维度术语的简要定义。

◎ 个人主义——集体主义

个人主义：强调个人目标与权利

集体主义：强调集体目标和个人关系

◎ 权力距离

低权力距离：强调平等性；共同决策

高权力距离：强调地位的差异；高层作出决定

◎ 不确定性规避

低不确定性规避：强调灵活性和适应能力

高不确定性规避：强调计划和可预测性

◎ 合作性与竞争性

合作性：强调协作与后天行为获得结果

竞争性：强调竞争、魄力和成就获得结果

◎ **时间定位**

短期：强调即期成果（现在成功）

长期：强调长期成果（后期成功）

◎ **语境**

低语境：强调明确沟通（单词）

高语境：强调间接沟通（语调、语境）

◎ **存在——行为**

存在：强调生活质量

行为：强调保持繁忙和实现目标

◎ **普遍主义——特殊主义**

普遍主义：强调规则；适用于每个人的标准

特殊主义：强调具体情况；基于关系的特殊标准

◎ **中立——情绪**

中立：强调非情绪化沟通；隐藏情绪

情绪：强调表达沟通；公开分享情绪

◎ **单元化——多元化**

单元化：强调一次一件事；工作和私人生活保持独立

多元化：强调多项不同的义务；对于中断不会感到不适；工作和个人生活相结合

参见第 6 章表 6–1，了解利用文化价值差异综合方法。同样的，如需了解更多关于文化价值维度的内容，请查阅 Geert Hofstede, Gert Jen Hofstede, 和 Michael Mikov 的“*Cultures and Organizations*”；Sarah A. Lanier 的“*Foreign to Familiar*”；Fons Trompenaars & Charles Hampden-Turner 的“*Riding the Waves of Culture*”；及 Edward T. Hall 的“*The Silent Language*”。

此外，笔者拙著《依靠文化智力领导》（2015, 第二版）第 5 章更详细地叙述了十大文化价值维度，并附有每种价值倾向常见的文化集群范例以及不同多样性各自的领导策略。

聚焦多样性，让创新变得更简单

人们经常问我："你会如何结束这个工作呢？"我从不太确定该如何回答这个问题。简单的答案就是我的专业和学术追求让我跨越国界，近距离与多样性面对面。我需要一条路引领我跨越多样性。不过，文化智力于我而言不是简单的实践解决方案，而是我在面临日渐复杂、多样化世界时的必要选择。对我而言，文化智力不仅是发现也是追求。从某些角度看，是文化智力发现我。

我是在宗教环境中长大的，大学前从未离开过家乡。所有儿时的朋友和同学情况都跟我差不多。我的全球化视野来自那些留宿在我家或在教堂发言的传教士。我与国际"晚宴"距离最近的一次就是，我母亲在教堂百乐餐中准备的大杂烩以及不正宗的墨西哥大餐。

然而，今日我却可以经过安检点而无须回答"为什么你总是出差"。我最亲密的朋友都是来自不同的文化、拥有不同的信仰，而我的孩子跟我一样喜欢正宗的泰式咖喱。我很珍视成长环境中的许多事情，但了解不同文化背景的人如何思考会让这个世界变得更加多彩有趣，而这也是我个人创意活动的持续灵感来源。我希望与其他人分享这个礼物。

全球高级管理人员都同意，缺乏工作高效的跨文化人员是最大的管理挑战。而 60 个国家的多名 CEO 一致认为创造力是未来的首要竞争力。一流的公司需要具有创造力的人才，可以适应跨文化工作。文化智力创新有助于唤醒多样化团队内部沉睡的巨人。特意利用多样性的融合方法可以产生更好、更具创意的解决方案。

多样性×文化智力=创新

多样性无处不在，就像一个百宝箱，里面装满着等待被挖掘的创新解决方案。在你与文化背景不同的团队人员合作时，你会了解到另一种想法，很可能是更好的想法。通过其他角度了解世界既可能不停地产生冲突和压力，也可能为你提供更广泛、更全面的全球视野。

对比和放大你们的差异，试图理解他们，并且寻找大家共存的方式，这使你可以吸取他们的长处，为多样化用户提供最具创新性的解决方案。

文化智力就是掌握在多样性的环境中高效工作的能力。文化智力包括下列四种能力：

- 文化智力驱动：有兴趣、驱动力以及自信适应多样性的环境

文化智力可以发觉多样性的优势。焦点集中在多样化团队存在的创新潜力。

- 文化智力知识：能理解多样性的环境中的相似和不同。

文化智力能帮你理解团队成员的价值观及价值观的起源。这点对于利用多样化团队所存在的信息多样性有着重要影响。

● 文化智力策略：在多样性的环境中交际的意识和工作时的适应能力

文化智力就是了解文化差异如何影响团队成员处理任务的方式。它使你可以有意识地为如何有效地与不同的同事和消费者交流制订计划。

● 文化智力行动：在多样性的环境中交际的意识和规划能力

文化智力与真实感相关，同时需要理解某些调整对充分利用多样化团队的潜力至关重要。

多样性本身不会引向创新，而文化智力和多样性共同在一起就会形成协同效应势。多样性和低文化智力会产生更多紧张挫折感，降低生产力。但多样性和高文化智力会比同质性团队产生更好的结果。

文化智力创新环境

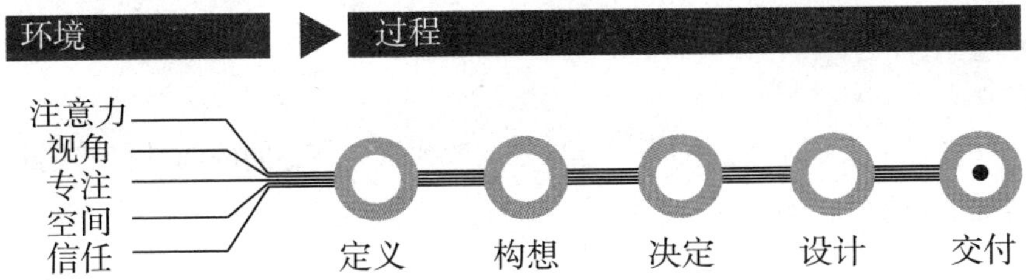

图Ⅲ-1 文化智力创新环境

社会心理学领域为创建提升多样化团队的创新能力的环境提供了深刻见解。

● 集中注意力的力量

你的思想就是创新最强大的资产。有意识地关注创新和多样化的视角，你就可以更好地预做准备，提出更好、更具创新力的解决方案。

● 视角获取的力量

了解另一种视角会使人着迷，这是开发真正能解决潜在用户痛点的创新解决方案的关键所在。不要轻易认为别人会想你所想。

● 专注的力量

分散注意力与同时处理多样任务都是创造力的敌人。如果你可以约束自己，集中注意力解决手头的问题，你就会为发掘多样性的力量、推动创新创造更理想的环境。

● 空间的力量

创造适当的生态系统以帮助别人控制自己的空间。你周围的环境就是产生和执行新想法的孵化器。

● 信任的力量

信任是促使创新产生的不可置疑的构成要素。与不同的同事和客户建立信任需要有目的的计划。

文化智力创新的5D过程

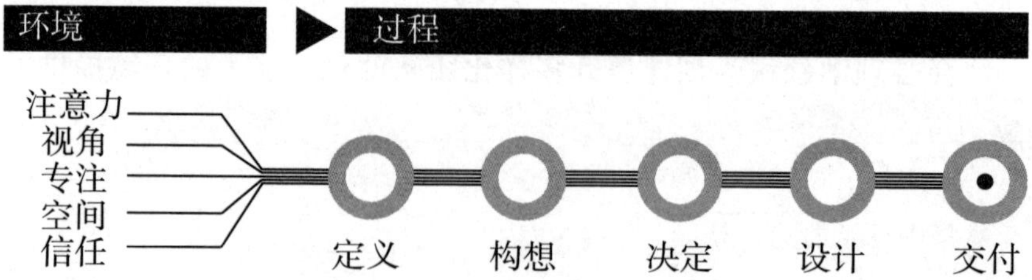

图Ⅲ-2 文化智力创新的5D过程

一旦你为文化智力创新创建了适当的团队，你就已经通过了文化智力创新的 5D 过程。这个过程可以与多样性的融合方式完美搭配。不要让某一种文化成为助理，你需要在集中所有成员共同致力于某一目标的同时，包容和超越大家的差异性。（参见表格 Ep-1）

表 Ep-1　　文化智力创新 5D 过程总结

	多样化团队的挑战	融合性方法
定义：协调不同预期与目标	不适应模糊性的个人（高不确定性趋避）可能喜欢过度分析目标，高度注重细节，几乎不留任何灵活性和新见解的空间。 适应模糊性的个人（低不确定性趋避）可能无须花费太多时间就能明确项目目的，并且假设每个人观点都相同，但实际并非如此。	实现团队整体目标的审慎考虑和纪律需要在调整不可避免的情况下实现更大的灵活性。 1. 比对差异 2. 对比预期 3. 了解彼此视角 4. 列明共同点 5. 定义共同目标
构想：产生多样化想法	个人本位主义的参与者可能认为不发表意见的个人缺乏参与项目的自信和能力，未投身于项目之中。 集体本位主义的参与者可能认为发表太多意见的团队成员过于以自我为中心，抱怨他们追求权力并不愿意遵从他人领导。	理解差异和协调预期所花费的时间（在定义阶段），为行为方式不同的个人产生多样化想法建立了纽带关系。 1. 重新定义“表达意见” 2. 提供事前预告 3. 明确预期 4. 提供发表建议的不同方式 5. 利用“对，而且……”言语表达的力量

续前表

	多样化团队的挑战	融合性方法
决定：选择和推广个人想法	个人主义者可能会快速地决定推进哪个想法，而且可能即刻开始工作说服他人采纳。 集体主义者可能希望利用更多时间决定推进哪个目标，而且希望不仅是团队达成一致，而且投资创新的其他利益方也需要参与。	融合性的方法大胆地融合关于所需追求的想法的不同观点，利用肯定调查的方式作出决定。与“你不认为……”或者“你不同意……”之类的话不同的是，团队成员应该是“你能否给我解释……”或者“你所表达的与我所建议的有哪些共同点，如果有的话？” 1. 鼓励从下而上、从上而下地干预 2. 投票 3. 对比对于想法和推广方式的反应 4. 坚持明确性 5. 招募早期采用者
设计：创造和检验不同用户	直接沟通者会表达自己对原型的满意 / 不满。间接沟通者可能不会发表任何意见或只是暗示自己的想法。 越是不熟悉创新，你就会得到越多不同的反馈——不论是早期采用者，还是晚期采用者，甚至是每个人都会有不同想法。	利用团队的多样性预测你所提议设计得到的不同反应。预测如何应对批判，提前决定是否愿意进一步调整创新。 1. 需要满足的要求？ 2. 掌握哪些先前的知识？ 3. 设计沟通的内容是什么？ 4. 你应该与谁测试这项？ 5. 原型需要的复杂程度是多少？
交付：执行全球解决方案	某些个人不喜欢确定实际的关键时间点和硬性截止时间，以防让整个团队失望。 预测某些团队成员关于项目速度的喜好（任何一方面——进展太快或太慢）。	有效执行需要每个人和每个部门，不能局限于个人和部门利益，而要实现机会的融合（如果每个人都共同努力实现目标）。 1. 领导力正式化 2. 就时间安排达成一致 3. 定义个人沟通与解决冲突的过程 4. 激励和监督坚持 5. 发布和进行执行后的回顾

在遇到持有不同意见的某人时，你本能地会想：为什么你会那么想？而你真正想问的就是：为什么你不能和我想的方式一样？

当你与周围人的观点不同时，你就面临几个选择：你可以坚持自己的观点，为其辩护，与他人争论你观点的优越性。你也可以放弃自己的想法，完全默认其他人的想法，或者你可以扩大、丰富、拓展和加深你的想法。

文化智力创新首先就是要改变你的冲动，摒弃："为什么你不能跟我想的方式一样"，变为："帮我看看有什么漏掉的"。大家协力就能超越和容纳个人的想法，更全面地看待整个世界。我们可以共同提出解决大小问题的创新解决方案。而这也是我从事这项事业的理由。

DRIVEN BY DIFFERENCE

致 谢

本书历经多年才最终完成；最耗时的其实不在于写作本身，而是著书背后的研究、阅读、对话和观察。我始终都在长期思考这些想法，但绝不是独自一人。如果本书能赢得荣誉，那么作为作者的我，只能占其中的一部分；如果本书引发诸多指责，那么显然该由我个人全部承担。

不同公司和文化环境的相关人员都在阅读本书的早期草稿后提供自己的反馈，包括 Soon Ang, Gary Cormier, Rick DeVos, Amri Johnson, Andy Ouderkirk, Susan Sullivan, Sandra Upton, 及 Linn Van Dyne。通过思考他们截然不同的视角和反馈,使我可以运用本书所提及的融合方法。我从所得到的意见中受益良多,很感谢他们花费时间提供反馈。

全球文化智力研究的兴起也同样使我获得了诸多荣誉，越来越多的学术界和实践者都在世界的各个角落践行文化智力工作。而如果没有我们在文化智力中心杰出团队的努力，就不可能实现这一切。他们始终都在“容忍”我疯狂的旅行、无边无际的新想法，亲自推动团队学习、共同追求文化智力创新。

与 AMACOM 的出色团队再次合作可谓一件乐事。Rosemary Carloough 不断地在全球“跟着我”讨论新机会，而 Therese Mausser 继续利用她自己的文化智力推动相关著作翻译成更多不同的语言。我的编辑 Stephen S. Power，不仅尊重我的专业和视角，而且也帮助我写得更好、更清楚、更有用。而 Erika Spelman 在保留我个人意见的同时，充分利用她的准确敏锐性来理顺我混乱的结构。（她甚至让我用“而”作为这句话的开头！）

我的“孩子”埃米莉与格蕾丝，已经迅速长大成人。她们教会我太多关于创造力和创新性的内容。在她们准备离家展翅翱翔之际，我衷心希望她们的想法将继续帮助这个世界变得更好。

最后，我要感谢我的妻子，我的终身伴侣，也是我的挚爱琳达，感谢她在我们本该共同享受浪漫晚餐或是绕着湖泊放松散步时听我没完没了地讨论文化智力、创新等问题。她绝不仅仅是聆听，同样也会探讨和质疑，最重要的是她让我相信无论如何她都会陪我走到最后。

我们出版的所有图书，封底和前勒口都有“湛庐文化”的标志

湛庐文化 Cheers Publishing

a mindstyle business 与思想有关

并归于两个品牌

财富汇　　心视界

找“小红帽”

为了便于读者在浩如烟海的书架陈列中清楚地找到湛庐，我们在每本图书的封面左上角，以及书脊上部 47mm 处，以红色作为标记——称之为**“小红帽”**。同时，封面左上角标记**“湛庐文化 Slogan”**，书脊上标记**“湛庐文化 Logo”**，且下方标注图书所属品牌。

湛庐文化主力打造两个品牌：**财富汇**，致力于为商界人士提供国内外优秀的经济管理类图书；**心视界**，旨在通过心理学大师、心灵导师的专业指导为读者提供改善生活和心境的通路。

阅读的最大成本

读者在选购图书的时候，往往把成本支出的焦点放在书价上，其实不然。

时间才是读者付出的最大阅读成本。

阅读的时间成本=选择花费的时间+阅读花费的时间+误读浪费的时间

湛庐希望成为一个“与思想有关”的组织，成为中国与世界思想交汇的聚集地。通过我们的工作和努力，潜移默化地改变中国人、商业组织的思维方式，与世界先进的理念接轨，帮助国内的企业和经理人，融入世界，这是我们的使命和价值。

我们知道，这项工作就像跑马拉松，是极其漫长和艰苦的。但是我们有决心和毅力去不断推动，在朝着我们目标前进的道路上，所有人都是同行者和推动者。希望更多的专家、学者、读者一起来加入我们的队伍，在当下改变未来。

湛庐文化 Cheers Publishing a mindstyle business 与思想有关

湛庐文化获奖书目

《大数据时代》
国家图书馆"第九届文津奖"十本获奖图书之一
CCTV"2013中国好书"25本获奖图书之一
《光明日报》2013年度《光明书榜》入选图书
《第一财经日报》2013年第一财经金融价值榜"推荐财经图书奖"
2013年度和讯华文财经图书大奖
2013亚马逊年度图书排行榜经济管理类图书榜首
《中国企业家》年度好书经管类TOP10
《创业家》"5年来最值得创业者读的10本书"
《商学院》"2013经理人阅读趣味年报·科技和社会发展趋势类最受关注图书"
《中国新闻出版报》2013年度好书20本之一
2013百道网·中国好书榜·财经类TOP100榜首
2013蓝狮子·腾讯文学十大最佳商业图书和最受欢迎的数字阅读出版物
2013京东经管图书年度畅销榜上榜图书,综合排名第一,经济类榜榜首

《牛奶可乐经济学》
国家图书馆"第四届文津奖"十本获奖图书之一
搜狐、《第一财经日报》2008年十本最佳商业图书

《影响力》(经典版)
《商学院》"2013经理人阅读趣味年报·心理学和行为科学类最受关注图书"
2013亚马逊年度图书分类榜心理励志图书第八名
《财富》鼎力推荐的75本商业必读书之一

《人人时代》(原名《未来是湿的》)
CCTV《子午书简》·《中国图书商报》2009年度最值得一读的30本好书之"年度最佳财经图书"
《第一财经周刊》· 蓝狮子读书会·新浪网2009年度十佳商业图书TOP5

《认知盈余》
《商学院》"2013经理人阅读趣味年报·科技和社会发展趋势类最受关注图书"
2011年度和讯华文财经图书大奖

《大而不倒》
《金融时报》· 高盛2010年度最佳商业图书入选作品
美国《外交政策》杂志评选的全球思想家正在阅读的20本书之一
蓝狮子·新浪2010年度十大最佳商业图书,《智囊悦读》2010年度十大最具价值经管图书

《第一大亨》
普利策传记奖,美国国家图书奖
2013中国好书榜·财经类TOP100

《真实的幸福》
《第一财经周刊》2014年度商业图书TOP10
《职场》2010年度最具阅读价值的10本职场书籍

《星际穿越》
国家图书馆"第十一届文津奖"十本奖获奖图书之一
2015年全国优秀科普作品三等奖
《环球科学》2015最美科学阅读TOP10

《翻转课堂的可汗学院》
《中国教师报》2014年度"影响教师的100本书"TOP10
《第一财经周刊》2014年度商业图书TOP10

湛庐文化
Cheers Publishing
a mindstyle business 与思想有关

湛庐文化获奖书目

《爱哭鬼小隼》
国家图书馆"第九届文津奖"十本获奖图书之一
《新京报》2013年度童书
《中国教育报》2013年度教师推荐的10大童书
新阅读研究所"2013年度最佳童书"

《群体性孤独》
国家图书馆"第十届文津奖"十本获奖图书之一
2014"腾讯网•啖书局"TMT十大最佳图书

《用心教养》
国家新闻出版广电总局2014年度"大众喜爱的50种图书"生活与科普类TOP6

《正能量》
《新智囊》2012年经管类十大图书，京东2012好书榜年度新书

《正义之心》
《第一财经周刊》2014年度商业图书TOP10

《神话的力量》
《心理月刊》2011年度最佳图书奖

《当音乐停止之后》
《中欧商业评论》2014年度经管好书榜•经济金融类

《富足》
《哈佛商业评论》2015年最值得读的八本好书
2014"腾讯网•啖书局"TMT十大最佳图书

《稀缺》
《第一财经周刊》2014年度商业图书TOP10
《中欧商业评论》2014年度经管好书榜•企业管理类

《大爆炸式创新》
《中欧商业评论》2014年度经管好书榜•企业管理类

《技术的本质》
2014"腾讯网•啖书局"TMT十大最佳图书

《社交网络改变世界》
新华网、中国出版传媒2013年度中国影响力图书

《孵化Twitter》
2013年11月亚马逊(美国)月度最佳图书
《第一财经周刊》2014年度商业图书TOP10

《谁是谷歌想要的人才？》
《出版商务周报》2013年度风云图书•励志类上榜书籍

《卡普新生儿安抚法》《最快乐的宝宝1•0~1岁》
2013新浪"养育有道"年度论坛养育类图书推荐奖

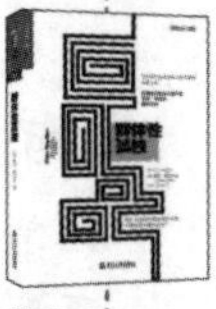

图书在版编目（CIP）数据

为谁留的空椅子 /（美）利弗莫尔著；毛大庆译 . —杭州：浙江人民出版社，2017.1

ISBN 978-7-213-07725-8

Ⅰ.①为… Ⅱ.①利… ②毛… Ⅲ.①企业管理－研究 Ⅳ.① F272

中国版本图书馆 CIP 数据核字（2016）第 291787 号

浙 江 省 版 权 局
著作权合同登记章
图字：11-2016-262 号

上架指导：趋势 / 创新管理

为谁留的空椅子

［美］戴维·利弗莫尔　著
毛大庆　译

出版发行： 浙江人民出版社（杭州体育场路347号　邮编　310006）
市场部电话：（0571）85061682　85176516
集团网址： 浙江出版联合集团　http://www.zjcb.com
责任编辑： 蔡玲平
责任校对： 杨　帆　王欢燕
印　　刷： 北京中印联印务有限公司
开　　本： 720mm ×965 mm 1/16　　**印　　张：** 17
字　　数： 19万　　**插　　页：** 1
版　　次： 2017年1月第1版　　**印　　次：** 2017年1月第1次印刷
书　　号： ISBN 978-7-213-07725-8
定　　价： 59.90元